KB039926

합격
공식

'혼공' 마스터 하은이의
3배속 공부법

합격
공식

최하은 지음

클랩북스

"뭐? 합격? 연세대? 진짜? 말도 안 돼.
정말 내가 연세대 합격한 거 맞아?"

길 한복판에 주저앉아
하염없이 기쁨의 눈물을 흘렸다.
합격 소식을 전해준 엄마 역시
전화기 너머로 훌쩍이고 있었다.

당해 연도 '최연소' 연세대 입학!

의지력, 인내력, 체력까지…
나의 모든 것을 1년 10개월간
온전히 쏟아부은 '결과'였다.

중학교 1학년, 만 13세에
처음 자퇴를 고민하기 시작했고,

중학교 2학년, 만 14세에
학교를 박차고 세상 밖으로 나왔다.

더 넓은 세상을 보기 위해,
더 자유롭게 공부하기 위해!

'정원 외 관리대상'.

의무 교육 과정인 중학교를 자퇴한 나에게
세상이 붙여준 공식적인 신분의 이름이다.

실제로 6~7개월에 한 번씩
담당 선생님이 집으로 방문하여
'관리받는 대상'이었지만,
그 외에는 무한한 자유가 주어졌다.

학교에 가지 않았다. 학원도 가지 않았다.
공교육도, 사교육도 없는 삶.

시간을 내 뜻대로 쓸 수 있었다.
내 삶의 주도권을 온전히 내가 쥐고 있었다.

귀하게 주어진 이 시간을 허투루 보낼 수 없었다.

하루 1권 이상, 닥치는 대로 책을 봤다.
해보고 싶은 경험이나 공부가 있을 때
주저하지 않고 바로 도전했다.

태국으로 첫 해외 봉사를 떠났다.

결연을 맺은 아이들을 직접 만났고,
준비해간 공연을 선보였고,
아이들의 학교에 벽화를 그렸다.
진정한 나눔의 가치를 깨달았다.

드넓은 땅, 중국으로 학습탐사를 떠났다.

현지 유적지들을 눈으로 보며
흥미로운 역사 이야기를 듣고,
지질학적으로 의미 있는 산에 직접 올라
자연의 힘을 온몸으로 느꼈다.

학교의 정규 과목인 '국·영·수'에 국한되지 않고,
다양한 분야를 가릴 것 없이 세상을 온전히 경험하며
'머리'뿐만 아니라 '몸'으로도 공부하는 것!

'학교 밖 공부'의 재미와 가치는
실로 엄청난 것이었다.

과연 내가 기존의 교육 과정대로
9시에 등교하고 4시에 하교하는 삶을 살았다면,
이 모든 것들을 경험할 수 있었을까?

그런데,
왠지 모르게 가슴 한구석이 허전했다.

신나고 행복하고 의미 있게
'홈스쿨링'으로 시간을 채워가고 있는데,
그 이유가 대체 뭘까?

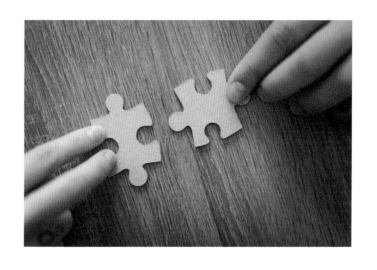

며칠간 곰곰이 고민한 끝에 깨달았다.

함께 공부하는 '동료' 그리고 나를 이끌어주는 '스승'이라는
두 가지 요소가 빠진 탓에
사람으로부터 에너지를 얻는 내가 갈증을 느낀 것이다.

좋아하는 사람들과 소통하고 즐겁게 놀면서도
내가 원하는 분야의 수업을 들으며
자주적으로 공부할 수 있는 삶.

'그래, 대학에 가자!'

만 15세, 그 누구도 강요하지 않은 선택을 스스로 했다.
그것도 '수능까지 단 10개월 안에 해치우겠다'는 목표로 말이다.

4월에 중졸 검정고시, 8월에 고졸 검정고시에 합격했고,
그해 11월에 수능까지 치렀다.
시간을 압축해 '대입'이라는 큰 관문을 통과하는
성취를 맛보고 싶었다.

결과는 건국대학교 합격!

의미 있는 결과였지만 아쉬움이 남았다.
원하던 목표에 이르지 못한 것을
두고두고 후회할 것 같았다.

1년만 더! 이를 악물었다.

첫 수능의 부족한 점을 복기했다.
경험도, 시간도, 노하우도
경쟁자들에 비해 턱없이 불리한 상황이었지만,
차곡차곡 노하우를 쌓아나가며
나만의 '합격 공식'을 만들어갔다.

그리고 마침내, 원하는 결과를 이뤄냈다!

나이를 밝히면 깜짝 놀라는
'미성년자' 연세대 신입생이 된 것이다.

나는 지금
전공·교양 과목 수강을 통해
하고 싶은 공부를 마음껏 하고,
동아리 활동을 통해
추고 싶은 춤을 실컷 춘다.
꿈꾸던 인간관계를 맺으며
신나게 대학생활을 하고 있다.

꿈을 찾는 과정은,
그리고 그 꿈을 향해 나아가는 과정은
누구에게나 어렵고 힘든 과정이다.

나 역시 여전히 꿈을 향해 달려가는 중이다.

하지만 간절히 원하고 행동하고 노력하면,
반드시 지름길은 열리게 마련이다.

힘든 터널을 통과하고 있는 모두에게
내가 마음에 새기고 달려왔던 이 말을 전하고 싶다.

"내가 꿈을 이루면, 나는 누군가의 꿈이 된다!"

당신은 결코
실패할 수 없다

나는 남들보다 빠르게 많은 '합격'을 경험했다. 만 15세에 본 첫 수능에서 건대 합격, 만 16세에 본 두 번째 수능에서 연대 합격. 그리고 대입에 이르는 과정에서 중학교를 자퇴하고 홈스쿨링을 택했기에 중졸 검정고시, 고졸 검정고시에도 합격했다.

합격의 순간은 달콤하고 감격스럽다. 나 역시 큰 시험에 합격했을 때 엄청난 성취감과 기쁨, 희열을 느꼈다. '꼭 이루

28

고 싶지만 과연 해낼 수 있을까?' 나조차도 나를 의심하고 시험해가며 도전했던 목표를 끝내 성취해내고 나면, 스스로에 대한 믿음이 굳건해져 그 어떤 도전도 두렵지 않게 된다. 그런 면에서 '합격'은 최종 목적지가 아니라, 다음 스텝을 밟기 위한 또 다른 계기가 되어준다.

다만, 합격까지 가는 길은 결코 녹록지 않다. 나 역시 학원은 물론, 학교도 다니지 않은 채 함께 공부하는 동료 없이, 나를 이끌어줄 스승도 없이 홀로 공부하는 과정이 절대 쉽지 않았다. 사회적으로 약속된 기준의 허들을 좀 더 빨리 뛰어넘어보고자 중·고교 과정의 6년 치 공부를 3배속으로 앞당겨 해내겠노라 호기롭게 다짐했지만, 현실의 벽은 높았고 도전하는 길은 험난했다.

하지만 혼자 부딪히고 넘어지며 하나하나 스스로 깨치고, 차곡차곡 노하우를 쌓아가는 과정 속에서 누구도 쓰러뜨리지 못할 만큼 나는 단단해졌다. '혼공'의 시간을 통해 내 강점과 약점을 정확히 파악하고, 어떻게 시간 관리를 해야 할지, 어떻게 멘탈 관리를 해야 할지, 끊임없이 데이터를 축적해가면서 어느새 '혼공' 마스터가 되어버렸다.

여기에 더해 합격에는 일종의 법칙이 있음을 깨달았다. 무작정 공부를 시작한다고 공부가 되는 것이 아니라 내 안의 '동기'가 분명해야 하고, '시간'을 들이되 효율이 높은 곳에 투자해야 하며, '잡념'을 빼고 실수를 줄여가는 노력을 통해 새는 에너지를 확실하게 잡아야 한다. 또한 큰 목표를 향해 달리는 과정에서 반드시 작은 '계획'을 세워 매일의 성공 경험을 쌓아 나가야 한다.

이렇게 '혼공'의 데이터가 쌓이자 이 법칙을 공식화할 수 있겠다는 생각이 들었다. 이른바 '합격 공식'! 간단한 사칙연산으로 이 공식을 정리하니 복잡한 공부 과정이 한결 가뿐하게 느껴졌다.

"동기는 더하고(+), 잡념은 빼고(−), 시간은 곱하고(×), 계획은 나누자(÷)!"

나는 이 공식으로 합격을 거듭하며 원하는 목표를 이뤄 나갈 수 있었다. 그리고 이 공식은 어떤 시험에도 통한다는 사실도 알게 되었다. 왜냐하면 합격 공식은 얄팍한 수가 아니라 공부의 기본이자 본질을 알려주는 것이기 때문이다.

아직 대학생인 나에겐 '대학 합격'이 가장 큰 목표였지만, 세상에는 수많은 시험이 존재한다. 나 역시 인생을 살아가며 끊임없이 시험에 도전하게 될 것이다. 하지만 합격 공식을 알고 있기에 조금도 두렵지 않다. 시험의 성격이나 난이도가 다를 뿐이지, 그것에 도전하고 해내는 과정은 별반 다르지 않기 때문이다.

그냥 저절로 이뤄지는 성과는 없다. 꿈을 찾는 과정은, 그리고 그 꿈을 향해 한 발자국씩 나아가는 과정은 누구에게나 어렵고 힘든 과정이다. 그리고 꿈을 이루기 위해 꼭 해야 할 것이 있다면, 나는 그것이 '공부'라고 생각한다. 인생을 살며 자신이 꿈꾸는 모습에 도달하기 위해서는 공부는 피할 수 없는 선택이자 필수적인 활동이다.

그런데 이왕 해야 하는 것이라면 당신은 나보다 조금은 덜 힘들게, 조금 더 쉬운 방법으로 꿈의 목적지에 도달했으면 한다. 합격 공식을 자신의 공부 과정에 자연스럽게 녹여낼 수만 있다면, 결국 당신의 노력은 빛나게 될 것이다.

내가 먼저 가본 길이니, 당신은 결코 실패할 수 없다!

목차

[합격 공식 1]

동기 + 실행 = 합격
동기를 불씨 삼아 행동하기 시작한다

2장　곱해야 할 것, 시간

누구든 실행하면 반드시 되는 '3배속' 공부법

[합격 공식 2]

시간 × 복습 = 합격

복습에 시간을 투자하면, 성적은 배로 오른다

3장

빼야 할 것, 잡념
흐트러진 마음가짐으로 목표를 이룰 수 없다

[합격 공식 3]

실력 – 실수 = 합격
실력은 단단하게 쌓고, 실수와 오류는 최소화한다

4장 나눠야 할 것, 계획
수능이 인생의 최종 목표는 아니잖아

[합격 공식 4]

목표 ÷ 계획 = 합격

목표는 작은 계획으로 나눠, 매일 작은 성공을 이룬다

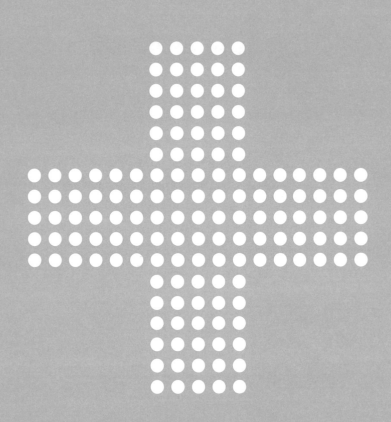

1장
더해야 할 것,
동기

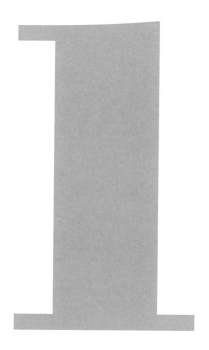

공부란 걸 '왜' 해야 하냐고
묻는다면

"하은아, 너는 왜 그렇게 열심히 공부해?"

누군가 나에게 이렇게 묻는다면 뭐라고 답할까? 우리는 이제껏 공부를 '입시'와 '취직'이라는 사회적 목표를 이루기 위한 수단 안에 가둬 생각하고, 그 이상의 목적과 가치를 찾으려 하지 않았다. 하지만 공부에 대한 관점을 바꾸고 스스로 분명한 공부 동기를 찾고 나니, 마음속에 열정이라는 불씨가 저절로 피어올랐다.

동기가 단단하니 어떤 장애물이 나타났을 때 쉽게 무너지지 않았다. 몰입의 동력을 찾지 못해 시간을 허비하는 일도 없었다. 어느 순간 열정을 활활 불태우며 많은 공부량을 단숨에 소화할 수 있었던 비결은 내 안의 '공부 동기'가 확실했기 때문이라고, 이제는 감히 단언할 수 있다.

저, 학교 그만두겠습니다!

"나 정말 학교 그만두고, 좋아하는 거 해볼까?"

대한민국 땅에 살고 있는 보통의 엄마라면, 중학생 딸의 이 호기로운 다짐을 단숨에 반기기는 어려울 것이다. 하지만 우리 엄마는 여러모로(!) 보통 분이 아니다.

"음, 그래? 하은이 네 의사가 제일 중요하지."

심지어 이 상황의 발단은 엄마의 한마디였다. 중학교 1학년에 재학 중이던 어느 날, '학교 밖 교육'에 관한 책을 읽고 있던 엄마는 "하은아, 공부를 꼭 학교에서만 해야 하는 건 아니니까 집에서 홈스쿨링 해보는 건 어때?"라는 말을 던졌다. 하지만 당시의 나는 정말 아무런 문제 없이 학교에 잘 다니며 폭풍 성장 중이던 중학생이었기 때문에 "학교를 왜 그만둬? 나는 학교 다니는 거 너무 재밌어!"라고 답하며 엄마의 제안을 가볍게 넘겼다.

그런데 그 이후부터 차츰 마음의 변화가 일어났다. 엄마의 말을 곱씹어 생각해볼수록 '홈스쿨링'이 나에게 잘 맞을 것 같았기 때문이다. 내가 꿈꾸는 일을 하기 위해서는 공교육 12년을 꼭 채워야 할 필요가 없을뿐더러, 홈스쿨링을 해도 지금의 친구들과는 계속 잘 지낼 수 있다. 게다가 자유 시간이 차고 넘치니 내가 좋아하는 독서, 춤, 전시, 공연 등의 취미생활도 지금보다 훨씬 다양하고 깊게 즐길 수 있다.

무엇보다 짜여진 틀대로 지식을 수동적으로 받아들여야 하는 공교육보다는 내가 진정으로 배우고 싶은 학문을 주도적으로 학습할 수 있는 홈스쿨링으로 마음이 점점 기울었다. 결심이 확고해졌을 무렵, 진지하게 엄마와 대화를 나누기 시작했다.

"엄마, 그때 엄마가 제안했을 땐 그냥 넘겼는데, 생각할수록 홈스쿨링이 나한테 잘 맞을 것 같아."

"엄마도 하은이 네가 학교에서 가르치는 것만 배우고, 하라는 것만 하는 것보다는 스스로 원하는 걸 도전해 보는 게 좋을 것 같아. 너는 하고 싶은 것도 많고, 할 수 있는 것도 많으니까 홈스쿨링도 잘 해낼 거라 생각하거든."

"응. 나 완전 하고 싶어졌어! 근데 막상 하면 힘들지 않을까? 뭐부터 생각해 봐야 할지 잘 모르겠어."

"일단 홈스쿨링을 시작했을 때의 장단점을 따져보자."

우리는 학교를 그만두고 홈스쿨링을 시작했을 때의 장단점을 직관적으로 파악하기 위해, 노트에 리스트를 작성했다.

| 홈스쿨링의 장점 |

1. 시간에 구애받지 않고 다양한 활동(책 읽기, 강연 듣기, 춤, 봉사 등)에 몰입할 수 있다.

2. 내가 배우고 싶은 다양한 분야의 학문을 골라 배우고 학습할 수 있다.

3. 검정고시의 난이도가 높지 않기 때문에, 몇 개월만 열심히 공부하면 충분히 중·고등학교 졸업 학력을 딸 수 있다. 시간 면에서 굉장히 효율적이다.

| 홈스쿨링의 단점 |

1. 나를 이끌어주는 스승이나 멘토가 없고 오롯이 혼자서 헤쳐 나가야 하므로 공부하는 과정이 힘들 수 있다.

2. 지켜야 할 규칙이나 정해진 생활 패턴이 없기 때문에 스스로의 의지가 약해진다면 쉽게 해이해질 수 있다.

3. 홈스쿨링에 대한 인식이 마냥 긍정적이진 않기 때문에, 자신을 증명하려면 더욱 열심히 노력해야 한다.

현실적이고 객관적으로 홈스쿨링의 장단점을 써본 결과, 장점과 단점이 각각 세 가지씩 나왔다. 장점이 확실하게 존재하더라도 단점을 극복할 수 없다면, 홈스쿨링을 선택하지 않는 게 맞다고 생각했다. 따라서 내가 단점 세 가지를 스스로 극복할 수 있을지, 극복한다면 어떻게 극복해야 할지에 대해 고민해보았다.

우선 첫 번째 단점. 누군가가 이끌어주는 대로 따라가기만 하면 되었던 공교육 과정과는 다르게, 처음부터 끝까지 혼자서 해내야 하기에 어려움이 많을 것 같았다. 그래서 나와 같이 검정고시와 수능을 독학한 케이스가 있는지 책과 인터넷을 찾아보았는데, 비슷한 사례가 꽤 있었다. 독학 후기들을 읽어본 결과 혼자서 공부하는 게 힘들긴 했지만, 나의 페이스를 스스로 파악하고 그에 맞춰 자유롭게 계획을 세울 수 있기에 오히려 효율적이고 만족스럽다는 내용도 많았다. 일단 안심이 되었다.

나는 평소에도 학원이나 사교육의 도움 없이 혼자 공부하는 것에 익숙해져 있었기에, 마음만 굳건히 먹는다면 혼자 하는 공부도 충분히 해낼 수 있을 거라는 판단이 들었다.

첫 번째 단점, 클리어!

두 번째 단점. 혼자 하는 공부이기에 의지가 약해지면 바로 해이해질 수 있다는 점이 마음에 걸렸다. 하지만 나는, 나에 대한 확고한 믿음이 있었다. 대학에 가서 자유롭고 재미있는 삶을 살며, 내가 하고 싶은 공부도 꼭 해보리라는 의지가 매우 강했기에 공부를 해나가는 과정의 지루함과 지침 정도는 쉽게 극복할 수 있을 거라는 확신이 있었다. 또 집에서 공부하며 옆에서 가족들의 도움을 받는다면 해이해지는 것도 충분히 예방할 수 있겠다는 생각이 들었다. 두 번째 단점도 클리어!

세 번째 단점. 몇 년 사이 홈스쿨링을 바라보는 시선이 확연히 좋아졌지만, 내가 자퇴를 결심했던 약 5~6년 전만 해도 '자퇴생'을 바라보는 사회적 인식이 그다지 좋지 않았다. 학교에서 문제가 있거나 가정에 어려움이 있어 학교를 자퇴하고 집에서 공부하는 학생의 경우가 대다수였기에 '자퇴 = 좋지 않은 사정이 있는 학생이 학업을 그만두는 것'이라는 인식이 만연해 있었다.

그렇기에 자퇴를 결정할 경우, 인생에서 만나게 될 사람

중 누군가는 자퇴했다는 사실만으로 나에 대한 부정적 인식을 가질 수 있을 것 같았다. 이런 이유로 나 자신을 증명하기 위해 더욱 노력해야 할 것이라는 생각이 들었다. 남들과는 다른 삶을 살아간다는 것에 대한 부담감이 피부로 와닿았다.

하지만 곰곰이 생각해보니 스스로 당당하고 멋진 태도로 삶에 임한다면, 자퇴했다는 사실 하나가 나에 대한 인식을 나쁘게 만들 것 같지는 않았다. 홈스쿨링 과정을 멋지게 마무리하고 원하던 목표를 이룬다면, 오히려 이 과정 역시 플러스가 될 수 있을 것이라고 판단했다. 이렇게 세 번째 단점까지 클리어!

나는 세 가지 단점 모두 스스로 확실한 의지를 가지고 노력한다면 충분히 극복할 수 있는 요소라고 생각했다. 막연한 상상만으로는 판단을 내리기 쉽지 않았는데, 이렇게 장단점 리스트를 직접 쓰고 따져보니 우려가 확신으로 바뀌었다.

"그래, 학교 밖에서 공부하자!"

처음 '홈스쿨링'을 고민하기 시작한 시점부터 총 6개월에 가까운 시간 동안, 모든 요소를 진중하게 고려한 끝에 내린 결론이었다. 훗날 나의 인생을 180도 바꿔놓을 중대한 결정을 하게 된 것이다!

중학교 자퇴 절차

그렇게 자퇴에 대한 결심을 굳힌 나는, 중학교 자퇴 절차를 밟아 나가기 시작했다.

중학교 1학년 2학기, 그러니까 만 13세부터 자퇴를 고민한 나는 중학교 2학년의 새 학기가 시작되기 직전인 1월에 담임 선생님께 공식적으로 자퇴 의사를 밝혔다. 수업이 끝나고 조용한 상담실에서 선생님께 조심스럽게 이야기를 꺼냈다. "학교를 벗어나 혼자 공부해보고 싶다"고 말씀드렸고, 그에 대해 진지하게 고민했던 과정과 부모님께서 먼저 제안하셨다는 사실도 모두 알렸다. 처음에는 선생님이 크게 놀라시면서 "집에 무슨 일이 있는 건 아니지?" 하고 걱정하셨지만, 내 꿈과 미래를 위해 오랜 시간 고민하고 결정했다는 이야기를 찬찬히 들으시고는, 잘 이해했다며 나의 결정을 지지하고 응원해주셨다.

그리고는, 공식적인 자퇴 절차를 밟기 시작했다. 고등학교와 달리, 중학교는 의무 교육 과정에 속하기 때문에 자퇴 의사를 밝히더라도 원칙적으로는 '자퇴생'이 아닌 '정원 외 관리대상' 신분이 된다. 이는 말 그대로 학교 정원에서 벗어나 개별적으로 관리받는 대상이라는 뜻으로, 1년 교육 과정 중 3분의 1 즉, 90일 이상 결석하면 자연스럽게 정원 외 관리대상에 속하게 된다.

하지만 무단결석으로 정원 외 관리대상이 되는 것은 정당하고 올바른 방법이 아니기 때문에 1차적으로 부모님과 자퇴에 대해 협의한 후, 2차적으로 학교 선생님께 충분한 설명과 함께 명확한 자퇴 의사를 밝혀야 한다.

나는 '정원 외 관리대상' 신청서에 홈스쿨링의 이유와 목적, 계획 등을 적어냈다. 내가 어떤 이유로 학교를 벗어나 혼자 공부하려 하는지, 향후에 어떤 계획이 있는지, 충분한 의지를 가지고 있는지 등을 꼼꼼히 작성했다.

48

이 서류를 학교에 제출한 후에는, 신청서를 확인한 교무부장님과의 상담을 거쳐야 했다. 부모님과 함께 학교에 방문해 정원 외 관리에 대한 최종적인 뜻을 밝힌 후 충분한 이야기를 나눴고, 홈스쿨링을 하는 과정 중에도 담당 교사가 정기적으로 가정 방문을 시행한다는 조건하에 정원 외 관리 대상자로 최종 승인되었다.

실제로 중학교 졸업학력을 취득하기 전이었던 약 1년 반 동안, 담당 선생님이 우리 집에 6~7개월에 한 번씩 방문해 나의 가정 환경이나 학습 상태 등을 살펴보고 가셨다. 내가 학교를 벗어나 가정에서 문제없이 생활하며 공부하고 있는지를 지속적으로 관리하는 것이다.

약 두 달 동안 정원 외 관리 절차를 모두 밟은 나는, 큰일 하나만을 남겨두고 있었다. 바로 학교를 떠나게 되었다는 사실을 친구들에게 알리는 일이었다.

그간 학교생활을 하며 많은 추억을 쌓고 애정을 나눈 친구들이었기에 더 이상 학교에서 볼 수 없다는 것을 이야기하기가 생각보다 힘들었다. 어떻게 이야기를 꺼내야 할지, 어디서부터 말해야 할지 수도 없이 고민했던 기억이 난다.

길고 긴 고민 끝에 1학년 친구들을 보는 마지막 예비 소집일 날, 교탁 앞에서 반 친구들 모두에게 차분하게 이야기했다.

"다들 놀라지 말고 들어봐. 내가 학교를 떠나게 됐어. 무슨 문제가 있어서 떠나는 게 아니고, 내 꿈을 위해 홈스쿨링을 하기로 결정했어. 미래를 위한 결정이니 모두 응원해주었으면 좋겠어."

그 이야기를 들은 친구들의 반응은 아직까지도 생생하게 기억에 남아 있다. "너 없으면 학교에 어떻게 다니냐"고 펑펑 울던 단짝부터 "네가 있어서 의지가 되었다"는 반장과 "홈스쿨링을 하더라도 자주 우리를 보러 학교에 놀러와줘"라고 말한 친구들까지…. 그동안 학교에서 내가 얼마나 큰 사랑을 받고 있었는지를 새삼 느끼게 된 순간이었다.

말을 꺼낸 직후에는 슬퍼하고 아쉬워했던 친구들이, 나의 설명을 듣고는 벌써부터 꿈을 이루기 위해 용기 있는 결정을 하다니 대단하고 멋있다며 한마음으로 응원해주었다.

나는 친구들의 든든한 응원과 지지에 힘입어 홈스쿨링 기간

을 결코 아깝지 않게 보내겠다는 결심을 다시금 다지게 되

었다.

'자퇴생'의 홈스쿨링 3대 원칙

이렇게 '중학교 자퇴생' 신분이 된 나는 홈스쿨링을 시작하며 딱 세 가지 원칙을 정했다.

| 홈스쿨링 3대 원칙 |

1. 1년 500권 목표! 하루 1권 이상의 책을 읽는다.

2. 집안일을 게을리하지 않는다.

3. 해보고 싶은 경험이나 공부가 있다면, 바로 도전한다.

보통 홈스쿨링을 시작한다고 하면 '공부'에만 집중해 언제, 어떻게, 어떤 과목을 공부할지부터 계획을 세우기 마련이다. 하지만 나는 홈스쿨링을 시작한 목적 자체가 공교육의 정형화된 틀에서 벗어나 주도적으로 내가 원하는 공부와 새로운 경험을 하려던 것이기에, 대원칙 세 가지만 정해놓고 이를 따르려고 노력했다.

하루 1권 이상의 책 읽기

첫 번째 원칙은 내 인생에서 가장 중요하게 여겨온 '책 읽기'에 더욱 집중하는 것이었다. 항상 일상에서 함께했던 책과 홈스쿨링 기간에 더 친해지리라 마음먹었고, 그러기 위해서는 하루에 1~2시간 이상은 반드시 독서에 투자해야 한다고 생각했다. 소설부터 인문서, 철학서, 자기계발서, 에세이까지 정말 다양한 분야의 책을 읽으며 내가 직접 경험할 수 없는 일들을 간접적으로 체험하고 느끼고 배웠다.

나는 '1년에 500권 책 읽기'라는 원대한 목표를 세웠다.

1년에 500권이면 하루에 최소 1~2권은 읽어야 했기에 달성하기 굉장히 힘든 목표같아 보였지만, 이렇게 다소 높은 목표를 잡고 나니 스스로 긴장하여 매일매일 손에서 책을 놓지 않게 되었다.

초반에는 목표를 이루고 싶은 마음에 읽기 싫을 때도 억지로 책을 잡고 있는 경우가 있었지만, 시간이 갈수록 매일 책 읽는 게 당연한 루틴이 되었다. 어느 순간 '오늘은 무슨 책을 읽어볼까?' 하는 설레는 마음으로 독서를 즐기게 되었다.

다음의 독서 리스트는 홈스쿨링을 하며 기록해 두었던 것 중 일부이다. 어떤 분야, 어떤 내용도 가리지 않고, 장르 편식 없이 그냥 그때그때 재밌어 보이는 책을 골라 읽었다.

강조하고 싶은 것은 입시를 앞두고 있다고 해도 꼭 지식을 쌓는 데 도움이 될 것 같은, 이를테면 『사피엔스』, 『코스모스』 같은 책만 읽어야 한다는 강박을 가질 필요는 없다는 것이다.

독서의 시작은 단연 재미! 무조건 내가 재밌게 읽을 수 있고, 흥미로워 보이는 책을 집어 드는 것부터 시작하자. 물론 지식 쌓기 좋은 책들을 많이 읽으면 당연히 도움이 되겠

7/1	『살아갈 힘』『디지털 단식』
7/2	『기춘씨에게도 봄은 오는가』
7/3	『하루 1분 추리게임』
7/4	『부자의 행동습관』『부자의 인간관계』
7/5	『지극히 적게』『술 먹는 책방』
7/6	『생각하는 미친놈』『미쓰리즘 2』
7/7	『빅 픽처』
7/8	『내 머리 사용법』『철들지 않은 인생이 즐겁다』
7/9	『고양이 카프카의 고백』『내 어깨 위의 고양이 밥』
7/10	『감정코치 K 1 · 2 · 3』『독서 천재가 된 홍대리 2』
7/11	『김이나의 작사법』『가장 낮은 데서 피는 꽃』
7/12	『그녀의 프라다백에 담긴 책』『1℃ 인문학』
7/13	『유쾌하게 나이 드는 법 58』『여덟 단어』
7/14	『가면산장 살인사건』
7/15	『영어 천재가 된 홍대리』
7/16	기아대책 S 프로젝트 자선의 밤 행사
7/17	『커피 한잔할까요? 4 · 5』『단 單』
7/18	『푸른 늑대의 파수꾼』『경성기담』
7/19	『수학특성화중학교 3』
7/20	『내 어린 고양이와 늙은 개 2 · 3』
7/21	『인문학으로 콩갈다』『헤리포터 2, 3, 4』
7/22	『광고천재 이제석』 + 영등포 강연
7/23	『쇼퍼홀릭 3』『1cm art』『러시안룰렛에서 이기는 법』『수학 퍼즐 게임』
7/24	『걸보스』

지만, 내 관심사와 다소 먼 어려운 책만 고집해서 읽다 보면 장기적으로 독서 자체에 대한 흥미가 떨어질 수 있다. 흥미롭고 이해하기 쉬운 책부터 읽는 것이 나에게 가장 잘 맞는 최고의 독서법이다.

책을 읽고 나서는 간단한 독후감을 써보는 것도 추천한다. 독후감이라는 단어만 봐도 '으, 그 귀찮은 걸 어떻게 해?'라고 생각하는 이도 있을 것이다. 으레 독후감은 학교에서 숙제로 내주니까 마지못해 쓰는 형식적인 글이라고 생각하는 경우가 많으니까 말이다.

하지만 내가 얘기하는 독후감은 그것과 다르다. 아무런 형식도, 제약도 없다.

굳이 책 내용을 요약하지 않더라도 책에서 가장 인상 깊었던 부분을 필사하듯 그대로 옮겨 써도 되고, 책을 읽으며 느낀 감정을 의식의 흐름대로 줄줄 써 내려가도 된다. 글쓰기 싫은 날이면 그림을 그려도 되고, 좋은 구절 딱 한 줄만 캘리그라피처럼 예쁘게 써봐도 된다.

16 . 06 . 29

<단> - 이지훈

"성공하길 원한다면 잘 '버리고', 뚜렷이 '세우고', 악착같이 '지켜라'"
ㄴ 이 한 마디로 이 책은 완전히 끝났다. 대박이다. 미쳤다. 최고다. 유후!!!

요 책은 프롤로그를 읽을 때부터 느낌이 왔다. 대박이라는 것이. 그리고 1장을 읽자마자 엄마가 왜 나에게 이 책을 읽으라고 했는지 깨달았다. 2장 '버려라'에서는 버리고, 단순화하고, 선택하는 것이 얼마나 중요한 것인지 느껴졌다.
3장 '세워라'에서는 집중의 중요성이 몸으로 느껴지며 입이 벌어지기 시작했다.
4장 '지켜라'에서는 그냥 뭐.. 소름이 오소소~ 돋았다. 에필로그까지 읽고 나니, "와.."라는 말밖에 할 수가 없었다. 이 책이 왜 이렇게까지 좋았냐고 물어본다면, 나는 이렇게 대답할 것이다.
"너무너무 간단하고 명확하며, 내가 추구하는 삶의 방식이 뭔지 정립해주었다"라고.
사실 한동안은 내가 앞으로 무엇을 위해, 어떻게 살아야 할지에 대한 고민이 살짝 있었다. 그런데 <단>이 타이밍 끝내주게 내 삶 속으로 들어온 것이다! 그래서 나는 내가 앞으로 살아갈 방식을 정할 수 있게 되었다.

책을 읽은 김에 생각해보았다. 나중에 내가 사업을 하면 무엇을 버리고, 세우고, 지켜야 할까. 우선, 내가 집중적/전문적으로 행할 분야를 선택해 나머지는 '버린다'. 나는 스타일링도 하고 싶고, 옷도 제작하고 싶고, 팔고 싶기도 하며, 메이크업·뷰티 쪽으로도 진출하고 싶다. 하지만, 사업에서 성공하려면 그중 하나에만 집중하고, 나머지는 '버려야' 한다. 다음은 분야를 정했다면, 그것에만 온전히 집중해 내 기업과 나의 목표가치를 '세워야' 한다. 그렇다면 나의 가장 큰 목표는 '여성들에게 자신감과 행복을 준다'가 되지 않을까 싶다. 마지막으로 유혹에 흔들리지 않고 그것을 '지켜야' 한다. 나의 경우에는 한 가지 사업만 꾸준히 오래 하다가, 괜찮겠다 싶으면 밀접한 관련 분야에만 살짝 진출하는 정도면 나의 목표 가치를 잘 지킬 수 있을 듯 하다.
나에게 깊은 감명과 확신을 주었던 <단>. 또다른 나의 인생책 되시겠다!

단 單 버리고, 세우고, 지켜라.

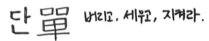

16. 07. 05

〈지극히 적게〉- 도미니크 로로

" 현재 있는 곳에서 가지고 있는 것으로 할 수 있는 것을 하라. "-시어도어 루즈벨트

이 책은 제목과 딱 맞게, 간결하고 심플하다. 그래서 멋지다.
도미니크 로로 언니(?)는 부담없이 가볍게 읽을 수 있는 책이 있으면 좋겠다고
생각하였다는데, 자신의 바램에 걸맞은 책을 내신 모양이다. 헹♡
사실 처음 읽을 때는 '잉? 이거 뭐지? 너무 짧고 허무한데?'라는 생각이 들었었다.
하지만 읽으면 읽을수록 한 페이지도 안 되는 짧은 글 속에 엄청나게 멋진 이야기들이
압축되어 있었던 걸 느꼈다..! 보통 자기계발서나 일반적인 책들은 '미래를 위해 투자하세요'나
· 당신이 하고 싶은 걸 당장 해봐요' 등과 같은 추상적인 말들을 해서 읽을때는 '그렇지! 맞아!'
하게 되지만, 읽고 나면 막상 내 인생에 큰 변화가 일어나는 것은 느끼지 못했다. 하지만
이 책은 엄청나게 짧고, 엄청나게 간단하고, 엄~청나게 구체적으로 솔루션을 제시해주어서
다양 행동할 수 있어서 정말 좋다. 지금은 책에 있는 여러 탑들 중에 '삶에 여유를 주는
짧은 다이어리 쓰기'를 바로 실천하는 중! ♨

〈술 먹는 책방〉-김진양

" 술이 있어 이곳이 더 완벽한 공간이길, 북바이북에 오는 모든 사람들이
그럭저럭 하루를 '괜찮게' 보낼 수 있길 바란다. "-김진양

'이 언니 너무 멋지다!! 책과 술이라니!!!거기다 음악까지!!! 우와 이건 완전 오이 엄!!!'
이게 내가 이 책을 보자마자 들었던 생각이다. 오늘 벌써 세 번째로 보는 거지만, 오늘도
딱 요런 생각을 했다. 평평하고 안정성 있는 좋은 직장을 때려치우고 술 먹는 책방 주인이
되다니! 게다가 딱 마이너한 주류가 뭐가 가득 가득. 우와 과연... 그리고 오늘 다시 읽으면서
추가된 생각 하나.. '꼭 나도 술 먹는 책방을 하고야 말겠다' 라면 개멋짐듯!!
끈적한 째-즈 음악에.. 안주는 쓰케시나 라면이나 후루이볶음 (사실 지금 먹고싶은 거 직음)..
게다가 옆에는 캐독쥬-스 자판기! 또 벽에는 내가 직접 그린 끄림이나 일러스트 쭉~ 붙여놓고..
캬~ 생각만 해도 좋다. 꼭 해버릴거야 !!! ₹

58

1장
더해야 할 것

이렇게 책을 읽고 무언가를 어딘가에 기록해보는 습관은 여러모로 유익하다. 그것이 글이든 그림이든 다시 한번 생각하고 기록하며 책의 내용을 되새기기 때문에 아무것도 하지 않았을 때보다 훨씬 더 기억에 오래 남는다. 훗날 그 기록들을 보면서 '이땐 이런 생각을 했었구나' 하고 지금의 생각과 비교해볼 수도 있다.

이렇게 책은 홈스쿨링 기간 동안 나에게 가장 친한 친구이자 제일 가까운 스승이자 두 번째 부모가 되어주었다.

집안일 소홀하지 않기

두 번째 원칙은 집안일을 게을리하지 않는 것이다. 내가 이 원칙을 말하면 '응?' 하고 의아해하는 이들이 꽤 있었다. 공부에 집중해야 할 시기이니 '공부에만' 시간을 쏟아야 한다고 생각하는 경우가 많은 것 같았다.

하지만 나는 집안일, 즉 가사 활동이 '몸 공부'라고 생각한다. 청소, 빨래, 설거지, 정리 등 우리가 흔히 하는 집안에서의 노동을 통해 생각보다 많은 것을 배우고 얻을 수 있다는 얘기다.

예를 들어, 설거지를 한다고 가정해보자. 기름 묻은 그릇은 다른 그릇과 겹치지 않게 두었다 따로 닦는 게 좋고, 양념이 잔뜩 묻은 프라이팬은 바로 물로 씻기보다는 먼저 키친타올로 닦아주는 편이 훨씬 효율적이다. 나무 주걱은 물에 오래 담가놓지 말고 바로 씻어야 하고, 도자기 그릇은 부드러운 수세미를 써서 세심하게 닦아야 한다.

설거지라는 무척 단순해 보이는 활동 하나에도, 이렇게 수십 가지의 요령이 있다. 스스로 몸을 움직이며 이런 요령을 하나씩 배우고 축적해가는 경험, 그리고 배운 것을 적용해보고 비효율적인 것은 수정해가며 문제를 해결해본 경험은 사실 '공부의 과정'과도 크게 다르지 않다.

이것이 바로, 내가 공부하기 위해 집안에서 먹고 자고 씻으며 해야 할 최소한의 노동을 온전히 부모님께 미루지 않은 이유이다. 물론 하기 싫을 때도 있었지만, '그냥 이 정도는 내가 해주지, 뭐' 하고 후딱 해치우는 습관을 들이니 생각보다 힘들지 않고 즐겁게 몸 공부도 해나갈 수 있었다.

세 번째 원칙은 해보고 싶은 경험이나 공부가 있다면 주저하지 않고 바로 도전하는 것이다. 홈스쿨링의 가장 큰 장점이 '시간 제약이 없다'는 것인데, 바꿔 말하면 '여유로운 시간을 그냥 흘려보낼 수도 있다'는 뜻도 된다. 시간이 무한정 주어지는 것이 아니기에 무언가 새로운 것, 해보고 싶은 것이 있다면 '지금 바로' 도전하는 것이 매우 중요한 포인트라고 생각했다. '이왕 시원하게 자퇴한 거, 이 시간을 끝장나게 활용해보자!'라는 마인드로 새로운 경험을 하려고 끊임없이 시도했다.

그중 가장 인상적이었던 체험은 '한톨청소년봉사단' 활동이었다. 어릴 적부터 해외아동과 결연을 맺고 꾸준히 기부를 해왔는데, 마침 결연 프로그램을 맺고 있던 NGO 단체인 '기아대책'에서 운영하는 청소년 봉사단 활동에 도전해볼 기회가 생겼다. 내 또래 친구들과 함께 직접 봉사 활동을 해볼 수 있다는 생각에 들뜬 나는 바로 봉사단에 지원서를 넣었고, 꽤 높은 경쟁률을 뚫고 합격했다!

그렇게 시작된 봉사단 활동은, 그야말로 홈스쿨링 기간의 '꽃'이었다. 노인보호기관에 가서 어르신들과 함께 생필품 박스를 만들어보기도 하고, 아동복지기관에 방문해 볼에 페인트를 묻혀가며 아이들이 좋아할 벽화를 그려보기도 했다. '내가 누군가에게 도움이 되고 있다'는 감정을 느끼는 것도 행복했지만, 또래 친구들과 단순히 노는 게 아니라 의미 있는 활동을 함께할 수 있다는 사실이 매우 뿌듯했다.

봉사단에 들어간 지 6개월쯤 지났을 무렵, 태국으로 첫 해외 봉사를 떠나게 됐다. 이 역시 인생의 방점을 찍게 해준, 놀랍도록 벅차고 뿌듯한 사건이었다!

20명의 또래 동료들과 함께 춤과 노래를 준비하고 선보이는 공연 과정도 즐거웠지만, 무엇보다 내가 경제적으로 지원하며 돕고 있다고 생각했던 아이들과 직접 눈을 마주치고 교감하는 것이 이렇게 기쁠 줄 감히 상상하지 못했다.

기아대책에서 운영하는 학교에 다니는 태국 아이들은 머리를 한 번 쓰다듬어주기만 해도, 한국에서 가져온 사탕 하나만 선물해줘도, 온 세상이 밝아지는 환한 미소를 지어주었다. 그중 '플러이'라는 이름을 가진 여자아이의 빛나는 눈

망울은 아직까지도 선명한 기억으로 남아 있다. 함께 체육 대회도 하고 교육 프로그램도 진행하면서 3일을 보낸 후, 마지막 날이 되어 현지에서 배운 서툰 태국어로 "이제는 가야 한다"고 인사를 건네자 그 크고 예쁜 눈에서 닭똥 같은 눈물이 뚝뚝 떨어졌다. 나는 그 아이의 머리를 쓰다듬으면서 "이렇게 빨리 가버려서 미안하다"고, "날 좋아해 줘서 고맙다"고 아이가 이해하지도 못할 한국 말을 마구 쏟아냈다. 그런데 마치 다 알아듣기라도 한 듯, 플러이는 눈물을 그치고 나를 꼭 안아주며 자신이 아는 최선의 영어로 인사한 후 나를 보내주었다.

"굿바이, 아이 러브 유!"

플러이의 마지막 이 한마디는 아직까지 나눔의 가치를 끊임없이 되새기게 해주는 문장이 되었다. 단순히 물질적인 후원에만 그치지 않고, 결연 아동을 직접 만나 눈을 마주치고 살을 부대끼며 봉사해본 경험은 인생에서 어떤 가치를 중시하고 살아야 할지에 대한 깊은 깨달음을 주었다.

홈스쿨링 기간 중에 '학교 밖 공부'의 가치와 재미를 몸소 체험한 계기도 있었는데, 다름 아닌 중국·백두산 학습탐사였다! 역사학, 뇌과학, 지질학 등을 다방면으로 연구해온 박문호 박사님이 운영하는 아카데미 프로그램에 참여하여 중국 현지의 유적지들을 눈으로 보며 흥미로운 역사 이야기를 듣고, 지질학적·역사적으로 의미 있는 백두산에 직접 오르며 자연의 힘을 배우는 뜻깊은 시간을 보냈다.

여기서 훗날 내가 선택한 철학과 공부의 기틀을 마련하게 되리라고는, 당시에는 전혀 상상하지 못했다. 학습탐사 기간이었던 9박 10일 동안, 나는 중국사에 무한한 흥미를 느끼며 흠뻑 빠져들어 버리고 말았다.

한국사도 굉장히 재밌지만, 땅덩어리가 큰 중국의 역사는 그야말로 극적인 스토리로 가득했다. 중국 역사는 쉽게 말해 '분쟁의 역사'라 할 만하다. 수많은 왕조를 거친 중국의 역사 속에는 수많은 세력 싸움과 영토 싸움, 집안 싸움 등의 이야기가 중심에 자리하고 있었다.

원래 싸움 구경이 제일 재밌다고 하지 않던가? 그 파국(?)의 재미에 빠져버린 나는, 중국사를 탐독하다가 중국 연표와 역대 왕들의 이름을 달달 외워버리기에 이르렀다. 한 번은 그 복잡한 중국 왕조의 연대기를 토씨 하나 틀리지 않고 완벽하게 줄줄 외우는 나를 보고 박사님께서 "역사학과에 갈 생각이 없느냐"며 박수를 치셨다. 탐사 이후에도 나는 중국 역사에 대한 책을 찾아 읽고, 인터넷 검색을 통해 재밌는 중국 왕들의 썰(!)들을 찾아보며 관심을 이어 나갔다.

이때 중국사에 몰입하고 심취했던 경험이, 훗날 학과 공부를 할 때 무척이나 큰 도움이 되었다. 철학 전공 과목을 크게 두 가지로 나누면 동양철학, 서양철학으로 구분할 수 있는데, 중국철학은 동양철학에서 아주 큰 비중을 차지한다. 유교·불교·도교의 삼교 철학의 기틀을 잡고 있으면서 인도 철학과도 연결되는 중국철학은 왕조에 따라 그 방향성과 틀이 크게 달라지는데, 내가 달달 외웠던 중국 역사가 중국철학 공부의 확실한 배경지식이 된 것이다!

덕분에 '중국근세철학', '불교철학사', '도교사상사' 등 동양철학 강의를 들을 때, 역사적 배경지식과 철학 사상들이 하나둘 연결되면서 훨씬 더 흥미진진하게 공부할 수 있었다. 흥미가 생기니 수업에 더 집중하게 되고, 집중해서 강의를 들으니 머릿속에 깊이 남아 학과 시험에서도 좋은 성과를 거두게 되는 선순환이 일어났다.

무엇보다 홈스쿨링의 3대 원칙을 지키면서 가장 크게 얻은 것은, 어떤 공부든 마음껏 해볼 수 있는 환경 속에서 나에 대해 더욱 깊이 알 수 있는 계기를 만들었다는 것이다.

홈스쿨링을 해보기 전까지 나는 한 가지에 3일 이상 몰입하지 못하는 사람이라고 생각했었다. 워낙 호기심이 많고 의욕도 넘쳐서 새로운 것을 시도하는 것에는 두려움이 없지만, 눈에 띄는 성과나 결과물이 없으면 흥미가 떨어져서 금방 그만두는 경우가 많았다.

하지만 내가 진정으로 좋아하고, 나와 잘 맞는 분야를 찾고 나니 끈기 있게 달라붙어 무섭게 몰입하는 자신을 발견할 수 있었다. 닥치는 대로 끌리는 대로 독서하며 1년간 목표했던 500권의 책을 읽은 것도 미래에 대한 고민을 합리적으로 해결해 나가는 데 큰 도움을 주었다.

과연 내가 기존의 방식대로 9시에 등교하고 4시에 하교해 친구들과 밖에서 시간을 보내다가 집에 들어와 숙제하고 잠드는 삶을 살았다면, 이 모든 것들을 경험하고 느끼고 생각할 수 있었을까? 이 질문에 대한 내 답은 '절대 아니다!' 이다.

오랜 시간 진심으로 몰입할 수 있는 분야를 경험한 후에는, 재밌어 보인다고 무작정 먼저 시도하고 봤던 예전과는 태도가 달라졌다. 내가 진정으로 원하는 것이 뭔지, 배워보고 싶은 학문이 뭔지, 경험해보고 싶은 활동이 뭔지 깊이 고민한 후에 한 가지를 선택해 오랜 시간 투자해야겠다는 생각을 하게 되었다.

홈스쿨링의 3대 원칙과 그에 따른 다양한 경험을 통해 막연하게 생각했던 내 꿈과 미래를 구체화할 수 있게 되었고, 이를 이루기 위해 무엇을 해나가야 할지 그림이 그려지기 시작했다.

만 15세, 수능을 보겠다는 결심

"시원하게 자퇴한 거, 끝장나게 활용하자!"

처음 자퇴를 결심하고 계획을 세우며 엄마와 함께 외친 말이다. 그 말대로 순탄하고 의미 있게, 한편으로는 신나고 다이내믹하게 '홈스쿨링'의 시간이 흘러갔다.

학교 밖에서 다양한 경험을 하며 자유롭게 공부해 나가던 도중, 문득 지금도 좋지만 '학문적인 집단에 소속되어 양질의 교육을 받고 싶다'는 생각을 하게 되었다. 학교의 정규 과목인 국어·영어·수학에 국한하지 않고 다양한 분야를 가리지 않고 경험하며 '머리'뿐만 아니라 '몸'으로도 공부하는 것, 그것은 진정 행복하고 즐거운 과정이었지만, 함께 공부하는 동료 그리고 나를 이끌어주는 스승이라는 두 가지 요소가 빠져 있었기에 약간의 갈증을 느꼈던 것이다.

나는 어떻게 하면 그 갈증을 해소할 수 있을지에 대해 진지하게 고민해보기 시작했다. 누군가가 시키는 공부가 아닌 내가 관심 있는 공부를 해나갈 수 있으면서, 나를 가르쳐주고 지도해줄 전문가가 있고, 주변에 나와 같은 공부를 하는 친구들이 있는 곳. 이 세 가지 조건을 모두 충족하는 곳이 어디일지 고민한 끝에, '대학'에 입학하는 것이 그 고민의 답이라는 결론에 닿았다.

"그래, 수능에 도전하자!"

이때 내 나이가 만 15세, 중학교 3학년이었다!

그 후 나는 "대안학교에 가거나 유학을 갈 수도 있었을 텐데, 왜 이렇게 어린 나이에 수능 볼 결심을 했어?"라는 질문을 줄기차게 받았다. 그에 대한 답을 하자면, 다음의 세 가지 이유를 들 수 있을 것 같다.

첫째, 사회적으로 약속된 장기적인 레이스의 허들을 좀 더 '빨리' 뛰어넘어 보고 싶었다.

인생을 하나의 긴 레이스라고 생각한다면, 지금의 대한민국에서는 레이스 중간중간에 사회적 기준의 허들을 세워 놓는 것 같다. 공식적으로 정해진 바는 없지만 '이 나이쯤 이건 해야지!'라는 허들 말이다. 이를테면 이런 것이다.

'8세에는 초등학교에 입학하고, 20~22세에는 대학에 입학하고, 25~28세에는 직장에 들어가 일을 시작하고, 30~33세쯤에는 결혼하고 아이를 낳는다.'

이 기준이 모두에게 옳다고 할 순 없지만, 대체로 평균적이자 이상적이라고 여겨지는 사회적 허들이라고 할 수 있겠다. 이 같은 허들을 제때 통과한다면 평범한 삶을 살고 있다고 인식하고, 그러지 못해 늦어지거나 혹은 하지 않는다면 "어머, 이건 해야지! 네 나이면 이렇게 해야 하잖아"라는 반응을 보이는 경우가 대부분이다.

물론 이 허들을 언제, 어떻게 넘느냐 혹은 넘느냐, 넘지 않느냐도 개인의 선택이지만, 나는 이 허들을 조금 더 빠르게 넘어보고 싶었다. 초반의 허들을 빠른 속도로 넘는다면, 다음번 허들을 넘기까지 시간적, 정신적으로 여유가 생길 것 같았다. 그렇게 큰 허들을 하나하나 빠른 속도로 넘어간다면, 훗날에는 훨씬 여유로운 마음가짐으로 인생을 설계할 수 있을 것 같았다.

둘째, 당시의 나는 '좋은 사람'과 '좋은 공부'에 대한 욕망이 굉장히 컸다.

혼자 공부하며 스스로 깨달아가는 것도 매우 기뻤지만, 사람들과 어울리며 큰 에너지를 얻는 타입인 나에게는 좋은 동료들과 함께 공부할 수 있는 환경이 필요했다. 대안학교에 가거나 유학을 떠나는 것도 방법이 될 수 있겠지만, 이보다는 한국의 대학에 입학해 동료, 스승과 함께 공부하는 것이 그런 나의 욕구를 온전히 채워줄 수 있을 것이라고 생각했다.

좋아하는 사람들과 소통하고 즐겁게 놀면서도, 내가 원하는 분야의 수업을 들으며 자주적으로 공부할 수 있는 삶. 그런 이상적인 삶을 하루라도 더 빨리 살고 싶은 욕구가 일었다.

셋째, 시간을 압축해 '대입'이라는 큰 관문을 통과하는 성취를 이루는 것 자체로 의미가 있다고 생각했다.

많은 이들이 '대학 입시'를 교육의 골인 지점으로 생각하고 그를 위해 초등 6년, 중등 3년, 고등 3년이라는 긴 시간을 쏟아붓는다. 공교육뿐만 아니라 사교육까지 총동원해서 어떻게든 이 관문을 넘어보고자 애를 쓴다.

하지만 나는 사교육의 힘을 빌리지 않고 스스로의 힘으로 오롯이, 그것도 긴 시간을 압축해 빠르게 성과를 내보고 싶었다. 당시의 나는 성공할 수 있다는 자신감에 가득 차 있었고, 빨리 성취해내고 싶은 욕심도 컸다.

그렇게 단단히 마음먹고 공부를 시작하려는데, 어라? 자퇴생이 수능을 보려면 고등학교 졸업학력 검정고시에 먼저 합격해야 한단다. 중학교 자퇴생 신분이었던 만 15세의 나는, 아직 중학교 졸업학력 검정고시도 보지 않았는데…. 순간 머릿속이 하얘졌다. 수능이라는 큰 시험을 보기 위해서는 중졸 검정고시, 고졸 검정고시라는 두 시험에 우선 통과해야만 하는 상황에 놓인 것이다.

자유롭게 공부하는 것에 익숙해져 있던 나에게 정형화된 시험 세 가지를 한꺼번에 본다는 것은 굉장히 큰 부담으로 다가왔다. 스스로에게 너무 큰 압박이 될 것 같은 두려움이 밀려들면서, 대차게 시작한 도전을 슬며시 물러야 하나 잠시 고민하기도 했다.

그렇지만 나는 수능과 대학이라는 새로운 목표를 포기하고 싶지 않았다. 조금 힘들고 험난한 여정이 될지라도 나의 빛나는 삶을 위해 지금 이 시간에 힘껏 투자해보고 싶었다. 세상이 정해놓은 길에서 벗어나 스스로의 삶을 더 자유롭고

+
동기

효율적으로 살겠다는, 홈스쿨링의 목적을 다시 한번 상기시키며 마음을 단단히 다졌다.

그러고 나서 더욱 큰 결심을 했다.

"중졸 검정고시, 고졸 검정고시, 수능까지 1년 안에 다 끝내버리자!"

나는 누구도 시키지 않은 도전을 이렇게 호기롭게 시작했다.

중·고졸 검정고시 속성 공부법

검정고시는 1년에 딱 두 번, 4월과 8월에만 응시할 수 있다. 2월에 수능을 보기로 결심한 나는 단 두 달 후 4월에 중졸 검정고시를, 8월에 고졸 검정고시를, 11월에 수능을 보겠다는 야심 찬 계획을 세웠다. 중·고등 6년의 교육 과정을 단 1년 안에(정확히는 10개월 만에!) 끝내버리겠다는, 누가 들어도 "미친 거 아니야?"라고 반응할 만한 살인적인 스케줄을 감행하기로 한 것이다.

우선적으로 1년 안에 치르게 될 세 가지 시험의 중요도에 따른 시간 배분이 필요했다. 중·고등 졸업학력 검정고시는 사실 나의 경우 중졸·고졸 학력을 얻는 데에 중점을 둔다기보다는 수능을 보기 위한 하나의 수단으로서 삼는 것이 적절해 보였다. 한편, 수능 시험은 'SKY 대학'을 목표로 했기 때문에 반드시 고득점이 필요했다.

나는 수능을 계획한 2월부터 하루에 13~14시간 정도를 수능 공부에 투자했다. 그러다 4월 중순에 보기로 예정돼 있던 중학교 졸업학력 검정고시가 다가오자 당분간 검정고시 공부만 하고 시험을 치른 후 다시 수능 공부를 할지, 계속해서 수능 공부를 이어가며 검정고시 준비를 병행할지 고민하게 되었다.

검정고시 공부에만 집중한다면 짧은 시간 안에 효율적으로 끝낼 수 있을 것 같았지만, 수능 공부에 대한 감이 떨어져 다시 시작할 때의 어려움이 있을 것 같았다. 기존의 수능 공부와 검정고시 공부를 병행하는 것이 더 낫겠다고 생각하고, 검정고시 직전 3주 동안은 하루 6시간은 검정고시, 7~8시간은 수능을 공부하는 것으로 전략을 짰다.

알다시피 검정고시는 초·중·고등학교를 자퇴한 학생들, 혹은 진학하지 못한 학생들이 졸업학력을 얻기 위해서 치르는 시험을 말한다.

초등학교 졸업학력 검정고시는 국어, 사회, 수학, 과학, 선택 2과목의 총 6과목을, 중학교 졸업학력 검정고시는 국어, 수학, 영어, 사회, 과학, 선택과목의 6과목을, 고등학교 졸업학력 검정고시는 여기에 한국사까지 더해 총 7과목의 시험을 치르게 된다.

각 과목은 25문항(수학은 20문항)이며, 모든 과목의 평균이 60점을 넘으면 해당 졸업학력을 따낼 수 있다. 초·중·고등 졸업학력 검정고시 모두 1년에 두 번 4월과 8월에 시험이 치러지며, 고등학교 졸업학력 검정고시에 합격해야 수능에 응시할 수 있는 자격이 주어진다.

검정고시는 3년의 교육과정을 간단하게 압축해 평가하는 시험이라 범위는 매우 넓지만, 문제의 난이도는 전체적으로 높지 않은 편이다. 매년 출제되는 시험 문제의 난이도 차이도 거의 나지 않고 고른 편이라 개념을 확실히 익히며 공부한다면 충분히 합격할 수 있는, 아니 만점까지도 받을 수 있는 시험이다.

하지만 실제로 시험 문제의 난이도를 파악하기 전까지는 막연한 두려움이 앞섰다. 그래도 중학교 '졸업' 검정고시인데 '1학년까지만 다닌 내가 풀기에는 조금 어렵지 않을까?'라는 생각이 들었기 때문이다.

그래서 우선, 인터넷에서 '검정고시 기출문제'를 검색하여 시험의 난이도를 파악했다. 근데 어라? 문제들이 생각보다 너무 쉬운 거다. '이것만 풀 수 있으면 중학교 졸업학력을 딸 수 있다고?' 하고 놀랐을 정도였다.

다음은 내가 치렀던 2017년 중학교 졸업학력 검정고시의 문제들이다.

새침하게 흐린 품이 눈이 올 듯하더니, 눈은 아니 오고 얼다가 만 비가 추적추적 내리는 날이었다.

이날이야말로 동소문 안에서 ⊙인력거꾼 노릇을 하는 김 첨지에게는 오래간만에도 닥친 운수 좋은 날이었다. 문안에(거기도 문밖은 아니지만) 들어간답시는 앞집 마마님을 전찻길까지 모셔다 드린 것을 비롯으로 행여나 손님이 있을까 하고 정류장에서 어정어정하며, 내리는 사람 하나하나에게 거의 비는 듯한 눈결을 보내고 있다가, 마침내 교원인 듯한 양복쟁이를 동광 학교까지 태워다 주기로 되었다.

[A]
첫 번에 삼십 전, 둘째 번에 오십 전 ― 아침 댓바람에 그리 흉치 않은 일이었다. 그야말로 재수가 옴 붙어서 근 열흘 동안 돈 구경도 못한 김 첨지는 십 전짜리 백통화 서 푼, 또는 다섯 푼이 찰깍하고 손바닥에 떨어질 제 거의 눈물을 흘릴 만큼 기뻤었다. 더구나 이날 이때에 이 팔십 전이라는 돈이 그에게 얼마나 유용한지 몰랐다. 칼칼한 목에 모주* 한 잔도 적실 수 있거니와, 그보다도 앓는 아내에게 ⓒ설렁탕 한 그릇도 사다 줄 수 있음이다.

…(중략)…

그때도 김 첨지가 오래간만에 돈을 얻어서 ⓒ좁쌀 한 되와 십 전짜리 나무 한 단을 사다 주었더니, 김 첨지의 말에 의지하면, 그 오라질 년이 천방지축으로 냄비에 대고 끓였다. 마음은 급하고 불길은 닿지 않아, 채 익지도 않은 것을 그 오라질 년이 ⓔ숟가락은 고만두고 손으로 옮겨서 두 뺨에 주먹 덩이 같은 혹이 불거지도록 누가 빼앗을 듯이 처박질하더니만 그날 저녁부터 가슴이 땅긴다, 배가 켕긴다고 눈을 홉뜨고 지랄병을 하였다.

- 현진건, 「운수 좋은 날」 -

*모주 : 술을 거르고 남은 찌끼에 물을 타서 뿌옇게 걸러낸 탁주.

위는 2017년 중졸 검정고시 국어 14번 문제이다. 보기로 문학 지문이 주어진 상태이고, 지문의 내용을 파악한 뒤 옳지 않은 설명을 고르면 되는 유형이다. 문제를 슬쩍 읽어보기만 해도 크게 어려운 단어가 나오지 않고, 맥락을 자세히 파악해야 풀 수 있는 심화 수준의 선지는 등장하지 않음을 알 수 있다. 그냥 지문을 쭉 읽어본다면 가볍게 고를 수 있는 평이한 수준이다(참고로, 답은 2번이다. 지문에서 등장인물 간의 대화는 찾아볼 수 없다).

국어라서 무난한 거 아니냐고? 아니다. 다른 과목 또한 살펴보자.

14. 다음 글에서 지난 주 토요일 오전에 Minsu가 한 일은?

> Last Saturday, Minsu visited his grandmother to help her. In the morning, he watered some plants. In the afternoon, he cleaned the living room.

① 동물 돌보기   ② 거실 청소하기
③ 식물에 물 주기   ④ 할머니 안마해 드리기

2017년 중졸 검정고시 영어 14번 문제이다. 사실 국어보다 더 쉽다고도 할 수 있다. 그냥 짧은 영어 지문을 읽고, 사실관계만 파악하면 바로 풀리는 문제다. 초등학교 때 영어 수업만 집중해서 들었다면 어렵지 않게 풀 수 있는 정도의 수준인 것이다(답은 3번이다. 지문에 "토요일 오전, 그는 식물에 물을 주었다"라고 아주 정직하게 쓰여 있다).

국어, 영어처럼 문과 과목이라서 쉬운 게 아니냐고? 아니다. 많은 학생들이 가장 어려워하고, 초등학교 때부터 '수포자'가 속출하기 시작하는 과목인 수학 역시 어렵지 않다.

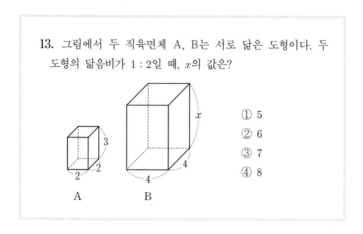

13. 그림에서 두 직육면체 A, B는 서로 닮은 도형이다. 두 도형의 닮음비가 1 : 2일 때, x의 값은?

① 5
② 6
③ 7
④ 8

2017년 중졸 검정고시 수학 13번 문제이다. 언뜻 어려워 보일 수 있지만, 도형의 닮음 개념과 간단한 일차방정식을 적용할 줄 알면 10초 만에 풀 수 있는 문제이다. 내가 언급한 닮음 개념과 일차방정식은 모두 중학교 1학년 때 배우는, 중학 기초 수학이다(답은 2번 '6'이다. 닮음 도형이고, 가로와 세로 길이가 두 배 늘어났으니 높이 역시 두 배 늘어나야 하겠다).

위와 같이 중학교 1~2학년 수준의 최소한의 개념만 익히면 풀 수 있는 문제들이어서 조금만 공부하면 충분히 합격할 수 있겠다는 판단이 들었다.

1장
더해야 할 것

차근차근 중·고등 교과서를 살피며 수능을 준비하는 사이, 중학교 졸업학력 검정고시가 3주 앞으로 다가왔다. 시간을 아끼고, 효율은 높이기 위한 방법을 총동원했다. 우선 개념 학습과 문제풀이의 비중을 어떻게 둘지 고민하는 과정이 필요했다.

앞에서 살펴봤지만, 검정고시는 변별력을 높이기 위해 문제를 꼬아서 출제하기보다는 개념을 정확히 알고 있는지 묻는 경우가 많다. 이런 출제 의도를 파악한다면, 문제풀이에 굳이 더 큰 비중을 둘 필요는 없을 것이다.

나는 중졸 검정고시를 준비하는 3주 동안 개념을 확실하게 짚어주는 '기본서'에 2주, 실전 문제의 감각을 익히는 검정고시 '기출문제'와 '모의고사'에 1주의 시간을 분배했다.

이제는 교재를 선택할 차례. 검정고시 문제집은 대부분 비슷한 내용이기 때문에 별다른 고민 없이 '검정고시 문제집'을 검색해서 가장 위에 뜨는 '6과목 통합 기본서' 한 권, '모의고사' 한 권을 구매했다. 굳이 한 과목당 한 권의 개념서를 별도로 구매해 독파할 필요까지 없다고 판단했기에 전 과목의 내용이 모두 담긴 두꺼운 기본 개념서를 선택했다.

시간 배분에 대한 계획도 세웠다. 나는 하루에 6시간씩 검정고시 공부에 투자한다는 기준을 잡았다. 6과목 모두를 평가하는 시험인 만큼, 어떤 과목에 얼마나 시간을 투자할 지에 대한 계획도 중요했다. 검정고시 기출문제를 살펴보며 내가 어떤 과목에 집중해서 공부할지를 판단했다.

나의 경우 국어와 영어는 기본 개념이 잘 잡혀 있어서 쉽 게 풀 수 있었지만, 수학, 사회, 과학, 도덕(선택과목) 등은 새 로운 개념을 배우고 익히는 과정이 필요했다. 이에 국어, 영 어는 하루에 각 30분씩, 나머지 과목에는 약 1시간 이상씩 시간을 배분해 매일 공부하기로 계획을 세웠다.

이렇게 짠 계획을 바탕으로 하루하루 공부해 나가기 시 작했다. 나는 우선 기본 개념서를 2회독 하며 해당 과목의 개념을 완전히 익히려고 노력했다. 1회독 할 때는 중요한 부 분에 밑줄을 치고, 메모도 해가며 해당 내용을 머릿속에 완 전히 들어오도록 노력했다. 뇌에 시각적인 자극을 줌으로써 기억에 남게 만드는 것이다.

1회독을 마친 후, 2회독을 시작할 때는 내용을 소리 내어 읽어보았다. 직접 발화함으로써 잊힐 뻔한 내용도 다시 한 번 머릿속에서 되살리는 것이다. 그냥 읽기만 하는 것이 아니라, 누군가에게 가르치듯 이야기하며 내용을 스스로 정리하고 꺼내보는 것도 도움이 된다.

이 같은 2단계의 과정을 통해 개념서를 완전히 익히고 난 후에는, 실제 검정고시 문제와 거의 동일한 유형으로 출제된 모의고사 문제집을 통해 실전 감각을 익혔다. 이때는 실전 시험과 최대한 동일한 환경을 구성하여 모의고사를 풀어보는 것이 중요하다.

마치 오늘이 시험 날인 것처럼 기상 시간과 식사 시간, 씻는 시간까지 모두 계산하여 시험 전의 준비 시간을 갖고, 시험 시간 역시 실제 검정고시 시간표와 똑같이 세팅하여 타이머를 맞춰두고 모의고사를 풀어봤다. 보통 한 문제집당 모의고사가 5~6회 정도 수록되어 있기 때문에, 하루에 한 번씩 이렇게 모의고사를 푸는 연습을 한다면, 일주일 만에 실전 감각을 완벽히 익힐 수 있을 것이다.

그렇게 최선을 다해 공부한 3주간의 시간이 지나고, 드디어 4월 중학교 졸업학력 검정고시 시험 날이 도래했다. 미리 맞춰놓은 알람 소리에 일어나고, 개운하게 씻고, 사과 한 알을 먹고 집에서 출발했다.

검정고시 역시 수능과 비슷하게 집 주변의 중·고등학교로 시험장이 배정된다. 학교를 벗어나 처음 치르는 공식적 시험이라 떨리기도 하고, 설레기도 한 마음으로 부모님의 차를 타고 시험장으로 이동했다.

교실에 도착해 자리표를 보고 내 자리를 찾아 책상에 앉았다. 책상 높낮이는 적절한지, 의자가 삐걱거리지는 않는지 체크하고 숨을 고른 후 주변을 살펴보았다. 나와 비슷한 또래부터 20대 언니·오빠들, 40대 직장인, 60대 할머니까지… 검정고시의 특성상 남녀노소 상관없이 다양한 연령의 사람이 모여 시험 치를 준비를 하고 있었다.

긴장을 풀며 차분한 마음으로 시험지를 받았다. 1교시 국어를 시작으로 6교시 선택과목에 이르기까지, 그동안 열심히 공부했던 내용들을 떠올리며 OMR 카드에 하나씩 검은 점을 표시해나갔다. 나중에 정답을 맞추어보기 위해 직접 챙겨간 가채점표에도 내가 고른 답을 체크했다.

6과목의 시험을 모두 치르고 시험장을 나서는 길, 기분이 하늘을 뚫고 날아갈 듯 가벼웠다. 수능이라는 상대적으로 큰 시험을 준비하던 중에 보아서 그런지, 예상하던 대로 어렵지 않은 난이도라 잘 봤다는 예감이 들어서 그런지, 아쉽거나 후회되는 감정 없이 후련하기만 했다.

결과 역시, 내 예감과 정확히 들어맞았다. '전 과목 만점'이라는 결과를 낸 것이다! 그 어떤 사교육의 도움도 없이 책으로 다져진 독해 능력과 문제집으로 3주 동안 최선을 다한 결과, 의미 있는 성과를 낼 수 있었다.

그렇게 4월에 중학교 졸업학력을 획득한 이후, 나는 기존의 계획대로 두 달 동안은 수능 공부에 온전히 매진했다. 중요한 시험에 만점으로 합격했다는 사실 때문인지 더 높은 목표를 향해 달리기가 수월했다. 나에 대한 신뢰가 더욱 쌓인 덕분이다.

어느덧 고등학교 졸업학력 검정고시가 치러지는 8월이 한 달 앞으로 다가왔고, 조금씩 긴장감이 고조되었다. 중졸 검정고시보다는 확실히 난이도가 높을 것이 예상되는 데다 당시 수능 위주의 공부만 하느라 고등 교과 과정을 집중하여 공부해놓지는 못했기 때문이다.

검정고시 맞춤형 공부가 필요했다. 통합 기본서 한 권으로 신속하게 끝냈던 중졸 검정고시와 다르게, 각 과목별 기본서를 한 권씩, 총 7권을 구매하여 처음부터 끝까지 완벽히 내 것으로 만든다는 마음으로 공부하기 시작했다.

기본서를 풀어보니, 중졸 검정고시보다는 확실히 난이도가 높아진 것을 느낄 수 있었다. 중졸 검정고시의 경우 중학교 1학년 과정까지는 학교에서 배웠기에 그것을 기본으로 추가 공부를 해나가면 되었다면, 고졸 검정고시는 교과 과정을 아예 배운 적이 없는 상태에서 기초 개념부터 익혀야 하기에 더 많은 노력을 쏟아야 했다.

고졸 검정고시 역시 수능 공부와 병행했기 때문에, 중졸 검정고시 때 사용했던 시간 배분과 동일하게 하루 6시간은 검정고시 공부, 7~8시간은 수능 공부를 하며 총 13~14시간을 독서실에서 보냈다.

고졸 검정고시와 수능 시험은 고등 교과서의 기본 개념을 알아야 한다는 점에서는 동일할 수 있지만, 두 시험의 성격과 문제의 결이 확실히 달라서 따로 공부하는 과정이 반드시 필요하다. 수능은 문제의 유형에 맞는 패턴을 파악하여 푸는, 이른바 문제풀이의 기술이 중요하다면, 검정고시는 개념을 단단히 다지고 나서 문제를 푸는 순서로 가야 효율적이다.

따라서 문제풀이 중심이었던 수능 공부와는 다르게 검정고시에서는 가장 기초적인 개념부터 하나하나 완벽히 다져놓으려 노력했고, 기본서를 거의 씹어먹듯이 완벽하게 익히는 과정에 초점을 맞췄다.

그렇게 두 가지 시험 공부를 병행한 지 4주, 고등학교 졸업학력 검정고시 시험 날이 도래했다. 중졸 검정고시와 동일한 방식으로 시험을 치렀고, 이번에도 역시 편안하고 홀가분한 마음으로 시험장을 나올 수 있었다. 결과는 역시 만족스러웠다. 전 과목 중에 딱 하나를 틀려 평균 99점이라는 성과를 낸 것이다. 다른 누구의 도움도 없이 혼자서 외롭게 공부해온 과거의 나에게 고마워진 순간이었다.

고졸 검정고시까지 무사히 합격한 나는 드디어(!) 수능을 볼 수 있는 자격을 획득하게 되었다. 대학수학능력시험, 그 무시무시한 시험에 만 15세의 나이로 당차게 도전장을 내밀게 된 것이다.

대체 공부란 걸 왜 해야 할까?

"하은아, 너는 왜 그렇게 열심히 공부해?"

누군가 나에게 이렇게 묻는다면 뭐라고 답할까?

많은 이들이 스스로에게, 혹은 타인에게 한 번쯤 던져보았을 질문이다. 초등학교, 중학교, 고등학교, 대학교, 혹은 그 이후에 이르기까지 인생에서 가장 눈부시고 아름다운 시기를 공부에 쏟는 이유가 뭘까?

아마도 이 질문에 보통은 이렇게 답할 것 같다. '사회적으로 성공하기 위해', '취직하고 돈 벌어서 생활을 유지하기 위해', '남들보다 뒤처진 삶을 살고 싶지 않아서' 등. 그런데 학교 안을 벗어나 스스로 공부를 '찾아서' 할 수밖에 없는 인생을 살아보니 이제껏 생각했던 공부의 정의와 의미가 완전히 달라지기 시작했다.

우리는 이제껏 공부를 '입시'와 '취직'이라는 사회적 목표를 이루기 위한 수단 안에 가둬 생각하고, 그 이상의 목적과 가치를 찾으려 하지 않았다. 하지만 공부에 대한 관점을 바꾸고 스스로 분명한 공부 동기를 찾고 나니, 마음속에 열정이라는 불씨가 저절로 피어올랐다.

동기가 단단하니 어떤 장애물이 나타났을 때 쉽게 무너지지 않았다. 몰입의 동력을 찾지 못해 시간을 허비하는 일도 없었다. 어느 순간 열정을 활활 불태우며 많은 공부량을 단숨에 소화할 수 있었던 비결은 내 안의 '공부 동기'가 확실했기 때문이라고, 이제는 감히 단언할 수 있다.

그래서 꼭 강조하고 싶다. 공부하기 전에 스스로에게 묻고, 자신만의 공부 동기를 확고히 하라고 말이다.

이제 앞에서 던진 물음에 답할 차례이다.

내가 공부하는 첫 번째 이유, '공부는 세상에 나를 입증할 가장 쉬운 방법'이기 때문이다. 내가 얼마나 독하게 노력할 수 있는 사람인지, 얼마나 열심히 인생을 살아갈 준비가 되어 있는지를 부가적인 설명 없이도 보여줄 방법이 바로 공부이다.

인생을 살아가면서 세상에 나를 입증해야 하는 순간은 끊임없이 찾아온다. 내가 원하는 일을 하려 할 때, 꿈의 기업에 취직할 때, 도움받고 싶은 멘토에게 다가갈 때 등…. 그것이 어떤 상황이든 공부하여 이뤄낸 성과는 나의 가장 큰 명함이 된다.

학벌지상주의, 그러니까 '학벌이 최고의 스펙이다!'라고 말하려는 것이 아니다. 세상이 나를 판단할 때 공부했던 경험을 내세울 수 있는 것이 매우 유리할 수 있다고 이야기하는 것이다.

그리고 학창 시절에 정말 미친 듯이 공부하여 괄목할 만한 성과를 낸 경험이 있다면, 그 경험은 이후의 긴 인생에 있어 정말 큰 버팀목이 된다.

대한민국의 학생들은 12년이라는 시간을 '대입'이라는 하나의 관문을 향해 달려가는 것으로 소진(!)한다. 하지만 막상 인생의 가장 큰 산이라고 생각한 입시가 끝나고 대학에 입학하면 어떨까. 넘었다고 생각한 산보다 더 높은 산이 그 앞에 버티고 서 있을 것이다.

입시가 끝나면 취업, 취업이 끝나면 승진, 거기에 재테크나 주거 문제 혹은 결혼을 비롯한 가족 문제까지…. 수능보다 훨씬 더 어렵고 복잡한 문제들이 우리 앞에 산처럼 어깨를 떡 벌리고 서 있을 것이다. 산 하나를 넘으면 더 높은 산이 버티고 있고, 그 산을 넘으면 더 높고 큰 산이 있고….

누구든 이러한 인생의 산들을 넘어가며 살아가야 한다. 하지만 이렇게 동일한 전제하에서도 그 산을 어떤 방법으로, 얼마나 쉽게 넘어가는지는 개인의 노력에 따라 엄청난 차이를 만들 수 있다. 나는 여기서 산을 쉽게 넘어갈 수 있는 방법 중 하나가 바로 '공부'라고 말하고 싶다.

첫 번째 산을 공부라는 수단을 통해 성공적으로 등반하

면, 그 경험을 바탕으로 다음 산을 넘어갈 자신감과 의욕이 생긴다. 물론 공부하지 않고 넘을 수도 있다. 하지만 질러갈 수 있는 등산로를 힘들게 우회하느라 체력을 크게 소비하면, 다음 산을 넘기 전부터 너무 힘들 것 같다는 두려움이 앞서게 된다. 이 때문에 하고 싶은 일이 있어도 시도하지 않게 되거나 혹은 시도하더라도 체력을 더 크게 소비하게 될 것이다.

하지만 공부를 통해 첫 산을 효율적으로 빠른 시간 안에 오르게 되면, 그 과정을 거치며 다음 산에 오를 노하우가 내 몸에 새겨지고 자신감이 장착된다. 어떤 높이와 크기의 산이든 쉽게 오를 수 있는 '내면의 버팀목'이 형성되는 것이다.

공부는 나를 배신하지 않는다

내가 공부하는 두 번째 이유는 바로 '공부는 나를 배신하지 않기' 때문이다. 이 말은 다양한 매체에서 많이 등장한 문구이다. 하지만 과거의 어린 나는 이 문구를 보며 그냥 공부

잘하는 사람이 멋있어 보이려고 하는 말이라고 생각했었다. 공부를 열심히 한다고 나쁠 거야 없겠지만, 공부가 절대 나를 배신하지 않는다니 '공부만 하면 당연하게 성공이 마법처럼 따라오기라도 한다는 말인가' 하는 반감이 있었던 게 사실이다.

하지만 정말 죽을 듯이 공부에 몰입해보니 '공부는 나를 배신하지 않는다'는 말의 진정한 의미를 깨닫게 되었다. 공부가 나를 저절로 성공의 길로 이끌어준다는 말이 결코 아니다. 공부를 통해서 얻은 지식과 지혜는 사람마다 조금씩 다른 형태, 다른 깊이로 남겠지만, 누구보다 열심히 공부한 사람은 언제, 어떻게든 그 보상을 반드시 받게 된다는 말로 이해하게 되었다.

어린 시절 최선을 다해 한 공부는 나의 인생과 가치관에 자신도 모르는 사이 엄청난 영향을 미치고, 그것은 미래의 내가 이루고 싶은 일을 달성하는 데에 있어 놀라울 정도의 힘을 발휘한다.

지금 하는 공부가 내 머릿속 어딘가에 남아 인생 전반에 있어 힘을 행사하며 나를 도울 것이라는 믿음이 자리하고 나니, 그 굳건한 믿음을 동력 삼아 달려 나가기가 훨씬 수월해졌다.

나만의 아우라를 갖기 위해

내가 공부하는 세 번째 이유는 '나만의 아우라를 갖기 위해서'이다. 공부는 나 자신을 발전시키기 위해, 누구에게도 없는 나만의 강점을 가지기 위해 꼭 필요한 과정이다. 존경하는 작가이자 교육자인 사이토 다카시는 이렇게 말했다.

"나만의 개성, 바꿔 말하면 누구와도 대체할 수 없는 나만의 강점을 갖는다는 것은 이 세상을 살아가는 데 강력한 무기를 하나 얻는 것과 같다. 누구도 회사에서 '있어도 그만, 없어도 그만'인 존재로 평생 살고 싶어하지 않는다. 그렇게 살다가는 오래 버틸 수도 없다. 하지만 평생 공부를 하다 보면, 오랜 시간 공부가 내 안에 쌓여서 누군가 쉽게 흉내 낼 수 없는 나만의 지식 세계, 나

만의 아우라가 생긴다. 그게 바로 긴 인생을 살아야 하
는 우리가 반드시 갖추어야 할 요소가 아닐까."*

위의 문장은, 내가 앞에서 강조한 공부의 동기를 완벽히
관통하는 문장이라고 할 수 있다. 타인에게 나를 입증하는
것, 성공한 인생을 위해 뚜벅뚜벅 걸어가는 것도 공부의 중
요한 이유이지만, 나에게 있어 공부의 주목적은 위에서 말
한 '나만의 아우라'를 갖기 위함이다.

남들에게는 없는 나만의 강점을 만들고, 그것을 삶 속에
서 활용하고 적용하고 수정해 나가며 더 강화하는 것. 그것
이 바로 나만의 아우라를 얻을 수 있는 방법이라고 생각한
다. 그러기 위해서는 공부로 나를 단단히 다져놓아야 한다.

공부로 다져놓은 단단한 멘탈이 있다면, 어떤 일이든 인
내심과 끈기를 가지고 성공적으로 해낼 수 있다고 믿는다.
나 자신의 발전과 성장을 위해서 공부는 삶에 있어 꼭 함께
해야 할 동반자라고 생각한다.

* 사이토 다카시, 『내가 공부하는 이유』, 걷는나무, 2014

공부가 정말 재밌어지는 순간

공부해야 하는 '동기'를 스스로에게서 찾아냈다면, 이제 공부를 재밌게 하는 방법에 관해 이야기해보려 한다. 공부가 재밌어지고 좋아지는 것, 그게 가능하냐고? 사실 완벽히 가능하다고 말하기는 어렵다. 나도 공부가 너무 재미있고 너무 좋아서 했다고 한 점 부끄러움 없이 말할 수는 없다. 하지만 적어도 공부가 너무 싫다는 감정 정도는 없앨 수 있다고 확신한다.

"저는 공부가 정~말 재밌었어요."

공부로 특정한 성과를 낸 사람들의 인터뷰를 보면, 흔히 등장하는 멘트이다("공부가 제일 쉬웠어요"와 함께!). 하지만 힘들고 지루한 공부 과정을 헤쳐 나가는 학생들에게 이 말은 자신이 끝내 경험할 수 없는 일처럼 느껴진다.

나는 '공부가 재밌어지는 순간'을 경험해본 사람이다. 이렇게 말하면 처음부터 마냥 공부가 재밌기만 했다거나, 문제를 풀 때마다 희열감이 느껴진다거나 하는 인간미 없는 사람으로 보일 수도 있겠지만, 사실 나에게도 공부가 끔찍하게 싫었던 순간이 존재한다.

내가 해내기로 마음먹은 공부였지만 그 과정이 너무 험난했고, 독서실에 스스로를 가둬 하루 15시간씩 안 풀리는 문제를 안고 있을 때는 정말이지 그만 때려치우고 싶다는 생각도 했었다.

그렇지만 그 지난한 시간들을 이겨내다 보면, 공부가 흥미롭고 재미있어지는 순간이 반드시 온다고 이제는 확실히 얘기할 수 있다!

그렇다면 어떻게 재미 없는 공부가 재밌어지는, 그 변화의 순간을 맞이할 수 있을까? 나는 그 답이 '성취감'이라는 키워드에 있다고 생각한다.

공부에 대한 스스로의 의지와 동기가 아무리 강한 사람이라도, 그 과정이 너무 지루하고 싫다면 언젠가는 포기하거나 그만두고 싶어지는 순간이 찾아오게 된다. 공부와 부정적인 감정이 연관되는 것이 반복되면 자연스레 공부를 회피하고 싶어지고, 공부의 효율 역시 떨어지는 것이다. 이러한 상황이 오지 않게끔 꾸준하고 지속 가능한 공부를 위해서는, 그 원동력이 될 만한 어떤 것이 자신을 단단하게 받쳐주고 있어야 한다.

사람은 원래 새로운 지식을 습득하는 데에서 성취감을 느끼게 마련이다. 대학에 입학하고 나서 공부를 '즐기면서' 하는 많은 이들을 만나게 되었는데, 그들은 대체로 무언가를 배우고 익히는 것에서 '성취감'을 느끼고 있었다. 단순히 시험 성적이 좋았을 때만 일시적으로 정신적 보상을 받는 것에 그치는 게 아니라, 어떤 것을 배우고 공부하는 것 자체에서 지속적으로 성취감을 느끼는 것이다. 그렇다면 이들처럼 공부를 즐기기 위해선 구체적으로 어떻게 해야 할까.

공부가 즐거워지려면, 아주 작고 간단한 것에서부터 성취감을 느끼기 위해 노력해보는 것이 좋다. '수능 올 1등급' 혹은 '원하는 대학 합격' 등의 크고 장기적인 목표가 아니라, 내가 오늘 당장 해낼 수 있는 작고 구체적인 목표를 설정한 후, 그것을 하나씩 달성해보는 것이다.

가령 내가 국어 비문학 지문 하나를 독해하고 문제를 푸는 데에 시간이 너무 오래 걸린다면, 그 소요 시간을 1~2분씩 줄여가는 것을 작은 목표로 삼아보는 것이다. '평소에는 비문학 지문 하나당 20분 정도를 쓰는데, 오늘은 18분으로 줄이는 연습을 해보자'처럼 매우 상세하게 목표를 설정해보자.

그날의 이러한 목표를 작은 메모지나 플래너에 써두고, 실제로 달성했을 시 체크 표시 등을 하며 시각적으로 목표 달성을 기록해본다면, 그 성취감은 배가 된다. 스스로의 성과를 눈으로 직접 눈으로 보기 때문에 뿌듯함과 재미가 한

층 올라가는 것이다.

아무리 목표가 작고 별것 아니더라도 스스로 성취감을 맛보게 되면 자연스레 공부에 재미가 붙게 된다. 특히나 공부의 과정 속에서 이런 작은 성취감을 '자주' 또 '지속적으로' 느낄 수 있게 계획한다면, 공부가 마냥 싫고 혐오스러운 행위가 아니라 조금 귀찮더라도 나름 재미있는 행위가 된다.

나의 경우가 딱 그랬다. 혼자서 공부하며 지루하고 하기 싫어지는 순간이 올 때는, 마치 게임처럼 오늘의 목표를 설정하고 그것을 달성해가며 나만의 소소한 재미를 느꼈다. 이 덕분에 그만두고 싶은 순간이 올 때도 '내가 이렇게나 많은 성과를 냈는데, 이제 와서 그만두면 아깝잖아? 1단계를 달성했는데 2단계라고 못 하겠어?' 하고 힘든 고비를 넘기고 마음을 다잡으며 공부를 계속할 수 있었다.

그것도 안 된다면 '그냥' 하는 거다

작은 목표를 세우고 달성해 그것에서 재미를 느끼는 것

은 지금 당장 해볼 수 있을 만큼 쉽고 효과적이지만, 그 재미가 아주 오래 지속되지 않을 수 있다. 또한 그 방법을 계속해서 반복하다 보면, 목표 달성에서 느끼는 기쁨에도 무뎌져 공부의 목적성이 흐려지는 경우도 있다.

이럴 때는 어떻게 해야 할까. 아무리 노력해봐도 공부가 재밌어지지 않는다면? 그때는 딱 하나의 방법밖에 없다. '그냥' 하는 수밖에!

이게 무슨 허무한 대답이냐고? 근데 정말 그게 답이다. 공부하기 싫은 이유를 100개씩 대가며 공부를 회피할 시간에, 스스로에게 공부가 당연한 것이 되도록 만들어버리는 게 낫다는 얘기다. 즉, 공부를 내 삶의 일부로 만들어야 한다. 너무 당연해서 '그냥' 별생각 없이 하는 활동이 되도록, 아무리 힘들고 귀찮더라도 핑계 대지 않고 '그냥' 하는 활동이 되도록 말이다.

그러기 위해서는 '공부의 루틴화'가 필요하다. 여기에서 말하는 루틴은 무슨 의미일까.

루틴이란, 사전적으로 '특정한 작업을 실행하기 위한 일련의 명령'을 뜻한다. 보통은 '스포츠 선수들이 경기 전에 최상의 역량을 발휘하기 위해 항상 수행하는 행동이나 절차'를 표현할 때 썼는데, 최근에는 일상에서 자주 활용하는 단어가 되었다.

'모닝 루틴', '데일리 루틴' 등의 표현을 자주 접했을 것이다. 이처럼 루틴은 현재 나의 상황이 어떻든 상관없이 매일매일 지키는 일련의 활동 패턴을 의미하며, 어떤 행동을 루틴화시켜 하루하루를 규칙적으로 활동할 수 있게 세팅하는 것은 이미 자기계발의 방법과 수단으로 많이 알려져 있다. 나는 이 루틴화 개념을 공부에도 적용해보려 한다.

루틴화된 활동을 수행할 때는, 내가 왜 그 활동을 해야 하는지 그 이유에 대한 특별한 생각을 거치지 않은 채 '그냥' 하는 거다. 공부도 이처럼, 자신만의 루틴이 되어 복잡한 생각을 버리고 그냥 하는 활동이 되면 된다. 힘든 일이 있건, 컨디션이 좋지 않건, 오늘따라 공부하기 싫다는 생각이 들건, 그냥 무조건 하는 거다.

'내가 오늘 이 공부를 하는 게 무슨 의미가 있을까?'
'오늘 이만큼 공부한다고 내 미래가 크게 달라질까?'

이런 생각을 하며 공부의 목적성과 의의를 스스로 계속 의심하게 된다면, 효율이 크게 떨어질 뿐만 아니라 당장 눈에 보이는 성과부터 굉장히 낮아질 것이다. 자신이 공부를 통해 무엇을 원하는지, 어떤 길을 가고 싶은지, 어떤 점수를 받고 싶은지에 대한 목표가 명확하게 있다면, 그 목표를 달성하기 위해서 공부는 '그냥' 하는 것이 되어야 한다.

"무슨 생각 하면서 연습을 하세요?"
"무슨 생각을 해…. 그냥 하는 거죠."

내가 정말 좋아하는 피겨 여왕 김연아 선수의 인터뷰 내용 중 일부이다. 이 인터뷰를 통해 무슨 말을 하고 싶은지 짐작 가지 않는가? 맞다. 세계를 제패하는 월드클래스 선수도 자신의 목표를 이루기 위해 숱한 연습을 해야 할 때, 별다른 이유를 찾고 그에 대해 복잡하게 생각하려 하지 않는다. '그냥' 한다.

이 책을 읽고 있는 당신도 지금 당장 시작해라. 공부는, 그냥 하는 거다.

당신은 무엇이 되고 싶습니까?

지금까지는 '공부를 왜 해야 하는지', '어떻게 해야 하는지'라는 두 가지 질문에 초점을 맞추어 그 답을 찾아보았다. 현실적으로 가장 중요한 두 질문이라고 할 수 있고, 당장 공부에 직접적인 영향을 미치는 요소이기에 어찌 보면 여기에 집중하는 것이 당연하다고도 할 수 있다.

하지만, 우리가 정말 근본적으로 던져보아야 할 질문은 따로 있다.

"당신은 무엇이 되고 싶습니까?"

다름 아닌 내가 꿈꾸는 것이 무엇인지에 대한 질문이다. 이 질문에 대한 답을 찬찬히 생각해보면, 앞에서 언급한 두 질문 역시 자연스럽게 정리된다. 사실 이 물음이 가장 상위의 영역이기 때문이다.

생각해보면 우리는 "너의 꿈이 뭐니?", "미래에 어떤 일을 하고 싶니?"라는 질문을 수도 없이 들으며 자란다. 초등학교 때부터 학생 조사란에 희망 직업을 써내고, 중학교 때부터 진로 탐방을 하며 자신의 미래 모습을 그려본다. 고등학교에 올라가면, 원하는 직업의 방향을 어느 정도 그려놓고 어떤 대학, 어느 과에 들어가야겠다는 목표를 가지고 수능이라는 시험을 대비하며 꼬박 3년을 공부한다. 이렇게 보면 '나는 무엇이 되고 싶은가?'라는 질문은 우리의 학창 시절을 관통하는 질문이라고 볼 수도 있겠다.

하지만 이토록 우리에게 익숙한 질문임에도 불구하고, 요즘 세상에 여기에 대한 본질적 대답을 하는 사람은 매우 드문 것 같다. 내가 말하는 본질적 대답이란, 단순히 '공무

원', '회사원' 등의 직업이 아니라 '자신이 진심으로 꿈꾸고 있는 것'을 말한다.

'어떤 직업'을 가지고 '얼마의 연봉'을 받을 것인지가 아니라, 나는 '어떤 모습'으로 세상을 살아가고 싶은지를 이야기하는 것이다. 내가 어떠한 태도로 미래의 인생을 살아가려 하는지에 대한 답을 내릴 수 있다면, 세부적으로 어떻게 살아야 하는지는 그 답에 대한 하위 문항으로 자연스럽게 따라오게 된다.

아직 명확히 이해되지 않는 독자들이 있다면, 이 질문에 대한 나의 대답을 예로 들어보겠다. 누군가가 나에게 "당신은 무엇이 되고 싶나요?"라고 물어본다면, 나는 "내가 사랑하는 일을 하고, 내가 사랑하는 사람들을 만나며, 사랑받지 못한 사람들을 사랑하며 살고 싶습니다"라고 답할 것이다.

이 대답을 찬찬히 뜯어보면, 내가 어떤 삶을 지향하는지 알 수 있다. '내가 사랑하는 일을 한다'라는 부분은, 내가 좋아하고 즐거워하는 일을 내 직업으로 삼겠다는 것을 의미한다. '내가 사랑하는 사람들을 만나며'라는 부분에서는, 내가 정말 아끼고 좋아하는 사람들을 만날 수 있는 시간과 여유가 있는 삶을 살겠다는 뜻이다. 마지막으로 '사랑받지 못한 사람들을 사랑하며 살고 싶다'라는 부분은, 상대적으로 약자의 위치에 놓여 있어 다른 이들만큼 사랑받기 힘들었던 사람들을 돕고 나누며 살고 싶다는 것을 의미한다. 그렇다면, 이 세 가지 목표를 이루기 위해서는 지금의 내가 어떻게 살아야 할지도 쉽게 그 답을 도출해낼 수 있다.

이렇게 나의 근원적 꿈이 무엇인지 고민해보는 일은 인생을 살아가는 데 있어 반드시 거쳐야 할 과정이다. 내가 진정으로 하고 싶은 일이 무엇인지, 어떤 태도를 가지고 삶을 살아가고 싶은지, 미래의 나는 어떤 모습을 가지고 있기를 원하는지 등 자신이 무엇이 되고 싶은지에 대해 스스로에게 끊임없이 질문을 던져보라.

그 답을 찾아가는 과정 속에서 당신의 공부는 분명 더 쉬워질 것이다.

동기 + 실행 = 합격

동기를 불씨 삼아 행동하기 시작한다

당신은 지금 무엇 때문에 공부하는가.

그 '동기'를 찾아내는 것이 의미 있는 공부의 시작이다. 동기 없는 행위는 언젠가 그 의미를 잃어버리기 마련이고, 의미를 잃는다면 목적성 또한 갖기 어렵다. 내가 무엇을 위해 달려왔는지, 내가 달려온 이유가 무엇이었는지를 스스로 잊게 되는 것이다.

내 안에서 명확한 동기를 찾아낼 수 없다면, 아무리 열심히 노력하더라도 의미 있는 결과를 얻기 어렵다. 따라서 내가 무엇을 원하는지, 무엇을 하며 살아가고 싶은지에 대해 깊이 탐구해봐야 한다.

'동기'는 행동을 시작하게 하고, 목적지를 향해 달려가게 한다. 공부의 실행력을 높여주고, 공부하는 의미와 정당성을 부여한다.

동기 없는 실행이 위험한 이유

나 역시 스스로에 대한 기나긴 탐구 끝에, 마음속에서 작게 타오르고 있는 불씨를 발견할 수 있었다.

대학이라는 집단에 소속되어 좋은 사람들과 학문의 즐거움을 누리며 내 청춘의 일부를 보내고 싶었던 마음이 대입 공부의 확실한 '동기'가 되어준 것이다.

나와 같은 목표를 지향하고 나와 비슷한 가치관을 가지고 있는 사람들과 함께 신나게 공부하며 같이 성장하는 것. 내 마음속에 명확한 동기를 찾고 나니, 그 이후에 무엇을 해야 할지는 저절로 알게 되었다.

사람들은 당신에게 지금 당장 뭐라도 '행동'하라고 말할 것이다. "공부해라", "취업해라", "돈 벌어라", "일에서 성공해라" 등. 하지만 방향성을 정하지 않고, 목적지도 모른 채 무작정 행동한다면 과연 좋은 결과를 얻은들 자신에게 무슨 의미가 있을까?

내가 진정으로 원해서 시작한 게 아니라, 타인의 강요나 압박에 의해 시작한 행동은 단기적인 효과나 결과를 낼 순 있겠지만, 결국에는 방향성을 잃고 최종 목적지까지 가는 데 지속성을 갖기 어렵다.

스스로 '왜 공부해야 하는지'에 대한 답을 말하지 못한 채 타인의 의지대로 공부한 사람은 작은 돌부리에 걸려도 일어나지 못하고 쉽게 무너진다. 엄마 등쌀에 떠밀려 공부를 시작하고 미친 듯이 노력했지만, 스스로 그 행동을 왜 했는지조차 설명하지 못한다면 열심히 달려온 시간에 대한 미련과 후회가 남게 될 것이다.

지금 바로, 행동의 의미를 부여할 동기의 불씨를 찾아야 하는 이유이다.

나에게 끊임없이 질문을 던져라

공부의 '동기'를 찾는 것이 생각보다 어려운 일일 수 있다. 내가 꿈꾸는 미래의 모습이 당장 잘 보이지 않을 수도 있고, 자신이 원하는 것이 무엇인지에 대해 아직 진지하게 생각해보지 않았을 수도 있다.

이런 경우에는, 스스로에게 끊임없이 질문을 던져보며 자신에 대한 사소한 정보까지 파악해보려 노력해야 한다. 나는 평소에 무엇을 좋아하는지, 무엇에 관심이 있는지, 어떤 가치관을 가지고 있는지를 집요하게 파헤치며 지금의 나에 대해 진지하게 탐구하는 시간을 가져보는 것이다.

현재 자신의 모습에 대한 탐구를 마쳤다면, 미래에 나는 어떤 삶을 살아가고 싶은지에 대해 힌트를 얻을 수 있게 된다. 이 과정에서 얻은 정보를 기반으로, 내가 무엇을 하고 싶은지에 대해 정리해보면 된다. '나는 이런 분야를 제대로 배워보고 싶은 것 같아', '나는 이걸 할 때 기쁘고 즐거워' 등 디테일하고 명확하지 않은 목표가 도출되더라도 괜찮다. 내가 이루고 싶은 미래의 모습을 막연하게라도 설정해보는 것이 내 마음속 불씨를 찾는 첫 단계이기 때문이다.

미래의 모습을 그려보고 목표를 설정한다면, 그것을 이루기 위해 해야 할 일은 자연스럽게 알 수 있게 된다. 대부분의 경우에는 그것이 '공부'일 것이고, 아니라면 다른 '능력'에 대한 개발이 될 수도 있겠다. 이처럼 지금 내가 무언가를 반드시 해야만 하는 '동기'가 마음속에 단단하게 자리 잡았다면, 그게 무엇이든 당장 '행동'하라. 최선을 다해 임하라. 반드시 '합격'으로 가는 길이 열릴 것이고, 진정으로 유의미한 결과를 낼 수 있을 것이다.

2장
곱해야 할 것, 시간

누구든 실행하면 반드시 되는
'3배속' 공부법

시간을 들이고 노력을 투자한 공부는, 절대 나를 배신하지 않는다. 내가 투자한 시간만큼 정직하게 돌아오는, 인풋과 아웃풋이 거의 동일한 분야는 사실 공부밖에 없다고 해도 과언이 아니다.

하지만 시간을 들인다고 해서 무조건 공부와의 싸움에서 승리할 수 있는 것은 아니다. 시간을 가장 필요한 곳에, 효율이 높은 곳에, 슬기롭고 현명하게 사용해야 한다. 목표 지점까지 한정된 시간 안에 승부를 봐야 하기 때문이다.

특히 나는 중·고등 과정의 6년 치 공부를 단 1년 10개월로 압축해 수능을 치러야 했기에 그야말로 '시간 대비 효율'의 경쟁에서 이겨야 했다. 학교와 학원의 도움 없이 오롯이 혼자 공부하는 과정 속에서 성공의 데이터를 쌓아나갔고, 결국 시간은 투자하되 효과는 곱절로 높이는 '3배속 공부법'으로 최고의 성과를 낼 수 있었다.

두 번의 수능, 확실한 노하우

나는 총 두 번의 수능을 봤다. 중 3 나이인 만 15세에 한 번, 고 1 나이인 만 16세에 한 번. 2년에 걸쳐 수능을 본 이후 만 17세에 대학에 입학했다.

2017년 2월, 만 15세에 수능을 보기로 결심한 나는 그해 11월의 수능을 목표로 했고 '첫 수능'을 치렀다. '약 10개월 만에 6년 치 공부가 가능할까? 너무 무리한 목표는 아닐까?' 라는 생각이 불쑥불쑥 올라왔지만, '최선을 다하면 못 할 건 없지!'라는 생각으로 마음을 다잡고 공부를 시작했다.

첫 번째 수능

그런데 자퇴생의 신분으로 수능을 대비하기란 여간 힘
든 것이 아니었다. 혼자서도 얼마든지 해낼 수 있을 거란 내
생각은 완전히 오산이었다. 거의 모든 수험생이 응시하여
자신의 실력을 객관적으로 확인하고 실전 수능을 연습하는
6·9월 한국교육과정평가원(이하 평가원) 모의고사의 경우,
고졸 검정고시까지 합격해야 응시 자격이 주어진다.

앞서 말했듯 나는 2017년 4월에 중졸 검정고시를, 8월
에 고졸 검정고시를 치렀기 때문에 아직 고졸 자격이 주어
지지 않았던 6월에는 중요한 모의고사 한 회를 통째로 날
릴 수밖에 없었다. 뿐만 아니라 현역 수험생이 아니어서
3·4·7·10월에 치르는 교육청 모의고사는 아예 응시조차 할
수 없어 모의고사 다음 날 문제지를 프린트해 독서실에서
혼자 시간을 재가며 풀어야 했다.

무엇보다 '혼자서' 이 길을 헤쳐 나가야 한다는 사실이 나에겐 가장 큰 어려움이자 부담이었다. 학교라는 집단에 소속되어 있지 않기 때문에 입시 정보나 팁을 얻기가 어려웠고, 곁에서 함께 수험생활을 하는 또래, 즉 동료이자 비교군이 없었기에 누군가에게 의지할 수도, 공부에 관한 정보를 나눌 수도 없었다. 그 상황에서 나보다 상대적으로 나이도, 경험도, 노하우도 더 많은 언니·오빠들과 경쟁을 하자니 '이게 가능한 싸움일까?'라는 생각이 들기도 했다.

하지만 어쩌겠는가. 결국 내가 선택한 길이고, 내가 선택한 공부였다. 누가 나에게 수능을 보라고 등 떠민 것도 아니고, 온전히 나의 결심과 다짐으로 인해 여기까지 온 것이다. 이렇게 생각하니, 아무리 힘들고 고되더라도 어떻게든 해내야 했다. 당장 나에게 주어진 시간이 얼마 없었다.

독서실에 박혀 오로지 공부에만 집중한 약 10개월의 시간이 흐른 후, 그해 11월에 대망의 첫 수능을 보게 되었다. 목표는 올 1등급으로 'SKY 대학'에 가는 것이었는데, 대부분의 과목에서 1등급을 받았지만, 정말 중요한 과목이었던 수학에서 3등급을 받고, 사회탐구에서 2등급을 받아 원하는 목표를 이룰 수는 없었다. 건국대학교에 합격했지만, 목표에 미치지 못한 결과가 너무나도 아쉬웠다.

결국 고민 끝에 두 번째 수능에 도전하기로 했다. 그간의 노력을 이대로 만족하고 끝내버리면, 훗날 두고두고 후회하게 될 것 같다는 생각이 끊임없이 들었다. 내가 정해놓은 목표를 어떻게든 이루고 싶었다.

두 번째 수능

다시 수능을 준비하며, 지난 첫 수능에서 무엇이 부족했는지를 정리해봐야겠다는 생각이 들었다. 내 나름대로는 완벽히 준비해 시험을 치렀다고 생각했지만, 지나고 보니 부족했던 점이 한둘이 아니었음을 깨닫게 되었다. 첫 수능의 부족한 점을 개선해야 다시 치를 수능에서는 그보다 좋은 결과를 얻을 수 있을 것이기에 앞으로 개선해야 할 점을 다음과 같이 세 가지로 정리해보았다.

경쟁자들에 비해 절대적인 시간이 부족했기에, 짧은 시간도 쪼개 공부에만 몰입해야 한다는 나름의 강박이 있었다. 그렇게 앞만 보고 달리느라 정작 내가 어떻게 해야 공부가 잘 되는지, 어떤 공부 스타일이 나에게 잘 맞는지 완벽히 파악하지 못했다.

수능은 단순히 템포가 빠르게 달려간다고 이길 수 있는 단거리 경주가 아니다. 어떻게 공부하고 준비해야 내가 최상의 컨디션을 발휘할 수 있는지 정확히 파악한 후에 달려야 이길 수 있는 장거리 레이스이다.

이 사실을 인지하고 나니 나만의 공부 스타일을 찾는 것이 정말 중요했다. 공부 시간, 공부 장소, 필기 유무, 과목별 시간 분배, 심화 문제의 도입 시기 등 사소한 요소 하나하나를 어떻게 설정해야 나에게 가장 잘 맞을지 시간을 들여 찬찬히 파악해보기 시작했다.

| 약한 과목을 커버하는 공부 시간 분배 |

제2외국어까지 포함해 총 6과목의 시험을 치르는 수능

을 준비할 때는, 각 과목별 공부 시간을 어떻게 분배할지가 효율을 끌어올리는 관건이 된다. 첫 수능에서 수학 점수가 좋지 않았던 것은 다소 약한 과목이었던 수학의 공부 시간을 충분히 확보하지 못했기 때문이라는 생각이 들었다.

처음 수능 준비를 시작할 때는 우선 개념을 확실히 잡기 위해 수학에 많은 시간을 투자했었는데, 수능 전 막바지로 갈수록 수학의 중요성을 잊고 다른 과목에 시간을 더 투자했다. 공부 시간을 잘못 분배해 가뜩이나 약한 수학을 나의 명백한 약점으로 만들고 만 것이다. 과목별 공부 시간을 효율적으로 분배하기 위해서는, 내가 어떤 과목에서 얼마나 약한지를 정확히 인지하고, 이에 따라 한정된 시간을 적절한 비율로 나눠 쓰는 노하우가 필요했다.

| 실전 감각 익히기 |

첫 수능을 준비할 때는 기본 개념을 다 익히기만도 바빴기에, 실전 연습을 충분히 하지 못했다. 개념을 머릿속에 빠르게 집어넣고, 응용문제를 푸는 과정에만 집중하면 된다고 생각한 것이 나의 오판이었다.

고득점을 목표로 한다면, 실전 감각을 익히는 것이 필수라는 생각이 들었다. 실제 수능과 비슷한 환경을 세팅해두고, 시험 시간 역시 정확하게 체크하며 적절히 시간을 분배해 사용하는 스킬을 익혀갔다.

나는 이 세 가지 포인트에서 부족한 부분을 인식하고, 두 번째 수능을 준비할 때는 이를 개선하고자 하는 노력을 동반했다. 약점을 보완하고, 강점은 끌어올리니 스스로도 공부의 효율이 올라가는 것이 느껴졌다.

예전에는 몇 시간씩 붙들고 있어도 안 풀렸던 문제가 몇 분 만에 풀리기도 하고, 오르지 않던 모의고사 점수가 점차 상향곡선을 그리기 시작했다. 그렇게 1년의 시간을 미친 듯이 공부에 쏟아부었고 마침내 2018년 11월, 불안한 마음이 어딘가 나를 불편하게 했던 1년 전과는 달리, '이제는 준비되었다'는 마음으로 수능을 치를 수 있게 되었다.

결과 역시 전년보다 훨씬 좋았고, 뿌듯함과 만족감도 훨씬 컸다. '언·수·외·탐 1·1·1·1.5'! 국어, 수학, 영어에서 1등급을 받았고, 사탐 두 과목 중 딱 1개를 틀려 아쉽게 하나는

1등급, 하나는 2등급을 받았다. 열심히 노력한 만큼 좋은 성적으로 성공적인 입시를 마쳤고, 결과적으로는 약 1년 10개월의 노력 끝에 원하던 목표를 완벽하게 이뤄낼 수 있었다.

두 번의 수능을 통해, 나는 확실한 노하우를 얻어낼 수 있었다. 나의 공부법이 누구에게나 반드시 효과적이라고 장담할 수 없지만, 사교육 등 타인의 도움 없이 온전히 혼자서 시행착오를 겪어가며 차곡차곡 쌓아 올린 현실적인 데이터들이기에 공부로 고충을 겪는 수많은 수험생이 인사이트를 얻어갈 수 있을 것이라 생각한다. 특히나 공부 시간을 3분의 1로 압축해 좋은 성과를 거둔 만큼 '시간 대비 효율'의 경쟁에서 고군분투하는 수험생들에게 공부의 속도를 높여줄 방안이 되어주리라 확신한다.

16 : 2 : 6 시간 관리법

매일매일 일상의 루틴을 설정하고, 그것을 철저히 지키는 '시간 관리'는 성과를 내는 데 있어 필수적인 요소이다. 특히나 그날의 기분이나 컨디션에 따라 공부 효율이 달라지는 것을 방지하려면, 어떤 상황에서도 꼭 지키는 '나만의 공부 스케줄'이 확실히 중심을 잡아주어야 한다.

그렇다면, 어떻게 공부 시간을 관리하는 게 가장 효율적일까? 나는 그 답이 '공부 : 휴식 : 수면'의 세 가지 시간 비율을 정하고, 매일 이 시간을 일정하게 유지하는 데에 있다고 생각한다.

첫 수능에서 의미 있는 성과를 낸 후 두 번째 수능을 준비하며 나는 철저히 '16 : 2 : 6'의 삶을 살았다. 즉, 16시간 공부하고, 2시간 휴식하고, 6시간 잤다는 말이다. 대체 이게 말이 되냐고? 그러게, 다시 생각해도 '어떻게 저렇게 공부했지?'라는 말이 나올 정도로 독하게 공부에 몰입했다.

'공·휴·수' 자신만의 비율을 정하라

언뜻 불가능해 보이는 이 시간 비율을 사실 하나씩 뜯어보면 의외로 '어, 맘먹으면 나도 할 만한데?'라고 생각할 수 있다.

매일의 공부 시간이었던 '16시간'은 과목별로 이렇게 사용했다. 가장 약한 과목인 수학에 하루 7시간을 투자했고, 남은 9시간을 나눠 국어에 4시간, 영어에 2시간, 탐구에 2시간, 한국사와 외국어에 1시간을 할애했다.

그리고 휴식 시간 '2시간'은 밥 먹는 시간, 씻는 시간 그리고 온전한 쉬는 시간 등을 포함한다. 나는 하루에 두 끼만 먹는 것이 습관화된 상태였기 때문에 점심·저녁 식사 시간에 총 1시간을, 샤워하고 씻는 데 아침·저녁 각 15분씩 총 30분을 썼다. 그리고 나머지 30분은 편하게 쉬는 시간으로 사용했다. 그날그날 기분에 따라 독서하거나 춤을 추거나 노래를 들으며 누워 있거나 낮잠을 자기도 했다.

　　이렇게 공부와 휴식으로 일과를 채운 후에는, 꿀 같은 수면 시간이 찾아온다. 나는 평소 잠이 많아서 최소한 8시간은 자야 피로가 풀리는 유형이지만, 수험 기간에만큼은 하루 '6시간'의 수면을 유지했다. 그야말로 1분 1초가 아까웠고, 남들보다 절대적인 공부량 자체가 부족한 상태였기에 잠을 줄여서라도 공부 시간을 늘린 것이다. 매일 11시에 자고 새벽 5시에 일어나 공부하는 스케줄을 유지했다.

　　하지만 모든 수험생이 나와 같은 시간 계획을 지키며 공부할 수 있는 것은 아니다. 나는 홈스쿨링을 하며 온전히 내 의지대로 시간을 사용할 수 있었지만, 대부분의 학생들은 학교, 학원 등의 스케줄이 있어 이와 같은 시간 배분을 하기는 어려울 것이다. 학교 내에서 보내는 시간조차도 수업 시간과 쉬는 시간, 점심 시간, 자습 시간 등으로 나뉘고, 등교 시간, 준비 시간 등 부가적인 스케줄도 있을 것이다. 따라서 온전히 몰입해 공부하는 시간 자체가 상대적으로 적을 수 있다.

여기서 강조하고 싶은 것은 '공부 : 휴식 : 수면'에 대한 자신만의 비율을 확실하게 정하고 지키는 게 중요하다는 것이다. 자신의 상황에 맞추어 '14 : 3 : 7'이 될 수도 있고, '12 : 4 : 8'이 될 수도 있다. 잠이 너무 많아서 도저히 수면 시간을 줄일 수 없다면 쉬는 시간을 조금 줄여볼 수도 있고, 학교까지의 이동 시간이 긴 경우 공부 시간을 조금 줄여야 할 상황이 될 수도 있을 것이다.

중요한 것은 몇 시간을 공부 시간 비율로 설정하느냐보다는, 그것을 매일매일 지키느냐의 여부에 달려 있다. 아무리 공부 시간을 길게 정한다고 해도 현실적으로 그것을 지키지 못한다면 무용지물이다. 자신의 일상 속에서 온전히 공부에 투자할 수 있는 시간이 얼마나 되는지를 계산해보고 아주 현실적으로 그 비율을 정한 다음, 그것을 반드시 지키는 것이 핵심이다.

공부 시간 내에서의 시간 분배 역시 중요하다.

사람마다 자신이 강하다고, 혹은 약하다고 생각하는 과목이 모두 다를 것이다. 나의 경우 강한 과목은 국어·영어, 약한 과목은 수학이었다. 그래서 상대적으로 약한 수학에 많은 시간을 쏟았고, 국어와 영어, 탐구 등에는 그보다 훨씬 적은 시간을 배분했다.

이런 식으로, 이미 기본기가 잘 갖춰져 있어 시간 대비 효율이 높은 이른바 자신 있는 과목과, 시간을 쏟아도 효율이 다소 떨어지는 현저히 부족한 과목이 무엇인지 확실히 파악하는 것이 매우 중요하다. 과목에 대한 내 실력을 정확히 알고 있어야 공부 시간 역시 효율적으로 분배할 수 있기 때문이다.

수능이라는 시험은 단순히 한 과목만 우수하다고 그것이 평균치를 크게 올려주는 시험이 아니다. 전 과목 모두를 일정 성적 이상 유지해야 좋은 성과를 낼 수 있는 시험이다. 따라서 강점을 극대화하기보다는 약점을 커버하는 편이 훨씬 더 효율적일 수 있다.

만약 못했던 과목의 성적이 점점 올라간다면, 공부 시간을 서서히 줄이는 것도 좋다. 잘했던 과목의 성적이 차츰 떨어진다면, 공부 시간을 좀 더 늘려야 할 것이다. 이렇게 유동적으로 공부 시간을 스스로 조절해나갈 수 있다면, 시간이 흐를수록 약점은 보완되고 강점은 유지할 수 있을 것이다.

휴식 시간을 사수해야 하는 이유

'공 · 휴 · 수' 시간 관리법을 지키면서 자칫 세 가지의 시간 중 공부 시간만 중요하게 여길 수도 있겠다. 어쩌면 가장 핵심 역할을 수행하는 '공부'에 초점을 맞추는 것은 당연하기도 하다.

하지만 휴식 시간 역시 굉장히 중요한 역할을 맡고 있다. 식사, 세면, 취미 활동, 운동, 이동 등 직·간접적으로 공부를 받쳐주는 부가 활동을 모두 포함한 시간이기 때문에, 이를 어떻게 활용하는지도 매우 중요하다.

많은 수험생들이 휴식 시간을 최소한으로 줄이고, 공부 시간을 최대한 늘리는 것이 가장 좋은 시간 관리법이라고 생각할 것이다. 공부 이외의 것들에는 시간 투자를 적게 해야 공부에 집중할 시간이 더 많이 확보될 것이라고 보는 것이다. 하지만 나는 이런 생각이 장기적으로 보았을 때는 큰 독이 될 수 있다고 생각한다.

정말 아무런 휴식 없이 밥 먹고, 공부하고, 자고, 공부하고⋯ 이렇게 끊임없이 반복하다 보면 정신적으로도, 체력적으로도 무너지기 쉬운 상태가 된다. 공부를 하며 끊임없이 에너지를 소비하는데, 휴식을 통해 에너지를 충전할 수가 없으니 결국에는 번아웃 현상이 오게 되는 것이다.

그렇다면 이러한 휴식 시간을 얼마나 사용하고, 어떻게 활용하는 것이 가장 효율적일까?

나는 이 질문의 키가 편안함에 있다고 생각한다. 하루의 스케줄 중에 내가 편안하다고 느낄 만한 활동이 하나쯤은 꼭 있어야 한다. '이걸 하면 편안해진다', '이걸 하는 동안은 잡념이 없어지고 온전한 휴식을 취할 수 있다'라는 생각이 드는 활동을 휴식 시간 내에 꼭 넣어두자.

나의 경우에는 그것이 독서였다. 소설이든 수필이든 인문서이든 책을 읽을 때만큼은 '편안하다', '좋다', '즐겁다'라는 감정을 느낄 수 있었기 때문이다. 공부 자체가 굉장히 에너지를 많이 소비하고, 즐겁게만 수행하기가 힘든 활동인 만큼 자신이 편안하고 즐겁게 느끼는 활동을 통해 에너지를 얻는 것은 매우 중요하다.

나의 경우에는 그것이 독서였다면 누군가에게는 음악 감상이 될 수도 있고, 즐겨하는 운동이 될 수도 있고, 좋아하는 아이돌의 영상을 보는 것이 될 수도 있겠다.

이렇게 자신이 좋아하는, 즐거워하는, 편안해하는 활동을 휴식 시간 안에 적절히 넣어보자. 이동 시간이나 잠들기 직전 침대에서의 시간 등 공부하기 애매한 시간에 이러한 활동들을 배치하는 것도 효율적인 팁이다. 쉬고 있다는 느낌을 받을 수 있는 시간이 하루의 스케줄 안에 있다면, 그 시간에 얻은 에너지를 공부하는 데 또다시 활용하며 효율적으로 시간을 재투자할 수 있을 것이다.

시간 관리의 '화룡점정', 스터디 플래너

스터디 플래너 역시 시간 관리를 철저히 하는 데 큰 역할을 한다. 나는 스터디 플래너를 통해 허비하는 시간 없이 촘촘하고 알뜰하게 시간 관리를 할 수 있었다. 스터디 플래너를 쓰는 방법은 숙련도에 따라 다음의 두 가지 단계로 나눌 수 있다.

첫 번째 단계. 머릿속에 공부 계획에 대한 윤곽이 잘 잡히지 않을 때는 공부 시작 전에 일단 스터디 플래너에 오늘의 공부 계획을 쭉 써보자. 그리고 그 계획을 어느 정도로 달성했는지 목표 달성률을 70%, 100% 등 퍼센티지로 표시하면, 단순히 ○×로 표시할 때보다 훨씬 효과적이다.

공부하다 보면 단순히 계획을 실행했는지, 못 했는지를 ○×로만 따지기에는 애매한 경우가 많다. 그런데 퍼센티지로 목표 달성률을 표기하면 해당 계획을 실행하기 위해 '얼마나' 노력했는지 수치로 확인할 수 있어 더욱 직관적으로 노력의 정도를 알 수 있다.

두 번째 단계. 머릿속에 오늘 어떤 공부를 얼마나 해야 할

오늘의 다짐

수학 킬러문제 실수 줄이기!!!

오늘의 계획

○	5:00 기상	
○	5:30 - 6:30 수학 수능완성 등비급수 복습	90% (급여서 정정실패)
○	6:30 - 6:45 정체조 + 샤워	
○	6:45 - 8:50 수학인개 (1)	100%
○	9:00 - 10:00 수학 V모의고사 킬러 2문제 복습	100%
○	10:00 - 11:40 강대모의고사 (수학) 7문제	100%
○	11:40 - 12:15 집에서 점심	
○	12:20 - 2:00 대성모의고사 (수학) #2회	100%
○	2:00 - 3:30 " 복습 + 오답노트 + 오풀	90% (오답왜함)
○	3:30 - 5:20 영어 수능완성 연계개념 6개	100%
○	5:20 - 6:30 영어 4주차 복습	100%
○	6:30 - 7:10 집에서 저녁	
○	7:10 - 9:30 생윤 필기정리 + 복습 + 암기	100%
○	9:30 - 10:10 한국사 EBS 2회 + 수특풀이	90%
○	10:10 - 11:00 아랍어 단어암기 · 4회복습	100%

공부시간 15시간 40분   성취도   95 %

오늘의 평가

전체적으로 목표 잘 지켰는데,
아침에는 졸려서 / 저녁에는 잠념기
조금 집중실패. 내일은 빡집중하자!

×
시간

135

지 감이 잡힌 후에는 공부를 하면서 혹은 공부한 직후 내가 몇 시부터 몇 시까지 몇 분 동안 어떤 과목의 어떤 부분을 공부했는지를 아주 상세하게 기록해보자.

실제로 내가 사용한 스터디 플래너를 살펴보면, 오늘 공부한 과목은 물론이고 어떤 교재의 어떤 문제를 풀었는지를 비롯해 운동하기, 씻기, 밥 먹기 등의 내용까지 모조리 적혀 있다. 이렇게 분 단위로 상세하게 자신의 활동을 기록하면, 스스로가 목표한 공부 시간을 얼마나 잘 지켰는지를 한눈에 살펴볼 수 있다. 이 기록의 핵심은 공부하는 시간뿐만 아니라 공부하기 위해 쓰고 있는 하루의 모든 시간을 담는 것에 있다. 이렇게 촘촘히 기록함으로써 새어나가는 시간을 확인할 수 있고, 어떤 점을 수정하면 더 효율적으로 공부할 수 있을지 개선 방안을 마련하기도 좋다.

이때 주의해야 할 점은 '플래너를 위한' 플래너 작성은 경계해야 한다는 점이다. 플래너를 예쁘게 꾸밀 필요도, 장황하게 쓸 필요도 없다. 나중에 알아볼 수 있도록 짧고 명쾌하게 단문으로 쓰면 된다.

압도적 효율, 속청 공부법

단단한 공부를 위해 시간을 투자해야 한다는 사실은 변함이 없다. 시간을 많이, 자주, 오래 투자할수록 결과는 좋아지겠지만, 누구에게나 시간은 한정돼 있고 특히나 나의 경우 수험 기간을 압축해 사용하였으므로 '시간 대비 효율'을 따질 수밖에 없었다.

단시간에 최대의 효과를 내기 위해 나는 인강을 '속청'하는 방식을 택했다. 약 2배속으로 강의를 들으며, 시간을 2분의 1로 압축하기 위해 노력한 것이다.

많은 친구들이 이 '속청 공부법'을 궁금해했다. 절대적 시간을 투자하면서도, 그 효과를 압축적으로 얻고 싶은 게 모든 수험생의 마음일 것이다. 이를테면 '정속 주행'이 아닌, '추월 차선'을 타고 공부의 지름길로 가고 싶다면, 한 번쯤 고려해보면 좋을 공부법이다.

속청의 확실한 효과

이투스, 메가스터디, 스카이에듀 등의 인터넷 강의 사이트에서 흔히 말하는 '일타 강사'들의 강의를 들어본 적이 있는가? 소위 말하는 '인강'(인터넷 강의)은 학원에 직접 가지 않고도, 언제 어디서나 좋은 강의를 편하게 들을 수 있다는 점에서 많은 수험생들이 큰 도움을 받고 있다.

나는 학원은 물론이고, 학교도 다니고 있지 않은 상태에서 독학으로 수능을 공부했기에 '인강'이 그야말로 빛과 같은 존재였다. 국어, 영어, 사회탐구, 한국사, 아랍어의 5과목을 인강을 통해 공부했는데, 이때 속청을 하면서 시간을 단축할 수 있었다.

'속청'(速聽)은 말 그대로 빠르게 듣는 것을 말한다. 혹시 동영상 강의를 들을 때 1.5배속, 2배속으로 들어본 경험이 있는가? 그렇다면 당신은 '속청'을 이미 해본 경험이 있다!

속청을 하는 이유는 다양하다. 나의 경우처럼 시간을 아끼기 위함일 수도 있고, 강의가 지루해서 혹은 강사의 말이 너무 느려서 등의 이유로 누구든 빨리 감아 시청할 수 있으니까.

나는 의식적으로, 습관적으로 1.5~2배의 속도로 '속청 공부법'을 사용했다. 흔히 빠르게 배속하여 듣는 것이 정속으로 듣는 것에 비해 학습 효과가 떨어질 것이라고 생각할 수 있지만, 나는 속청의 효과에 대한 기대와 믿음이 있었다.

미국의 한 연구 결과[*]가 이 사실을 증명한다. 로스앤젤레스 캘리포니아대학교(UCLA) 연구팀은 재미있는 실험을 계

---

[*] 로스앤젤레스 캘리포니아대학교 심리학과 앨런 카스텔(Alan D. Castel) 교수팀, 동영상 강의 시청 시 영상 재생 속도가 학습 효과에 미치는 영향, 『응용 인지 심리학(Applied Cognitiv Sychology)』, 2021

획했다. UCLA 학부생 231명을 실험에 참여시켜 이들을 총 4개 집단으로 나누고, 15분 이내에 비디오 강의를 시청하게 했다. 하나는 로마 제국의 역사, 다른 하나는 부동산 강의였다.

각각의 세 집단은 1.5배속, 2배속, 2.5배속으로 강의를 시청했고, 나머지 한 집단은 정속으로 강의를 들었다. 객관성을 위해 시청 도중에 일시정지를 누르거나 노트에 필기하는 행위는 허용되지 않았다. 그럼 학업 성취도는 어떻게 측정했을까? 모든 학생은 시청 직후와 일주일 후, 두 차례에 걸쳐 객관식 질문의 시험 문제를 풀었다.

그 결과는 우리의 편견을 깨뜨리는 것이었다. 강의를 정속으로 듣는 것과 1.5배, 2배로 듣는 것에서 학습자의 성취 차이는 크게 나타나지 않았다. 정속으로 들은 집단은 총 40개의 질문 중 평균 26개를 맞혔고, 2배속으로 들은 집단과 1.5배속으로 들은 집단은 25개를 맞혀 큰 차이가 없었다.

정속으로 들을 때와 배속으로 들을 때 거의 동일한 학습 효과를 낼 수 있다면, 속청을 통해 공부 시간을 현저히 아낄 수 있다는 뜻이 된다. 시간 대비 효율이 높아지는 것이다.

나는 속청으로 강의를 빨리 들은 후, 그 아낀 시간을 해당 내용을 여러 차례 복습하는 데 쓸 수 있었다. 짧은 시간에 더 완벽하게 공부 내용을 머릿속에 새기는 데 '속청 공부법'이 큰 도움을 준 것이다.

속청을 망치는 세 가지 유형

하지만 이 속청 공부법에는 기술이 필요하다. 그저 강의를 빨리 듣는다고 공부의 효율이 무조건 올라가는 것이 아니고, 마냥 시간을 아낄 수 있는 것도 아니다. 오히려 속청을 잘못 활용하다가 효율이 떨어지거나 시간이 더 들 수도 있다. 따라서 속청 공부법에서 반드시 주의해야 할, 속청을 망치는 세 가지 유형에 대해 정리해보려 한다.

| 들으면서 필기한다? ✕ 온전히 듣기에 집중한다 ○ |

'강의를 들으며 꼼꼼하고 빠르게 필기한다'는 말이 속청 공부법에서만큼은 통하지 않는다. 빠르게 강의를 들으며 동

시에 내용을 자세히 필기한다면, 전체적 강의 내용을 대략 파악할 수 있을지는 몰라도 깊이 이해하는 집중력에는 방해가 될 수 있다.

속청 공부법은 온전히 '듣기'에 고도의 집중력을 발휘해야 효과가 좋다. 빨리 듣는 데만 모든 에너지를 집중해도 부족할 수 있기 때문이다. 시간이 아깝다는 이유로 빠르게 배속해서 강의를 들으면서 제대로 집중하지 않는다면, 결국 강의 내용이 머리에 남지 않아 다시 여러 차례 들어야 하는 악순환을 낳을 수 있다. 오히려 시간이 낭비되는 것이다.

온전히 듣기에 집중하기 위해서 잡생각은 접어두고, 스마트폰, 태블릿 등의 전자기기도 잠시 치워두는 것은 물론이다.

| 끊지 않고 듣는다? × 일시정지를 활용해라 ○ |

그런데 반드시 필기해야 할 매우 중요한 핵심 내용이 있다면? 이럴 때도 듣기만 하고, 필기는 절대 안 되는 걸까?

인터넷 강의의 가장 큰 장점 중 하나가 잠시 강의를 멈추었다가 다시 시작할 수 있다는 점이다. 강사가 강조하는 부

2장
곱해야 할 것

분에서는 강의를 잠시 멈추고 핵심 내용을 적은 후에, 강의를 재생해도 좋다.

이렇게 하면 듣는 활동과 쓰는 활동의 두 가지 멀티태스킹이 잠시 중지되며, 하나의 활동에만 집중할 수 있게 되어 머리속에 해당 내용이 더 잘 남게 된다.

더불어 잘 들리지 않거나 이해 가지 않는 부분에서도 일시정지 버튼을 활용하는 것이 좋다. 속청 공부법을 활용하면서 시간을 아끼고 싶은 마음에 잘 듣지 못하거나 이해가 가지 않더라도 우선 대충 넘기려는 마음이 들 수 있다. 하지만 이는 오히려 비효율적인 결과를 낳게 되므로, 필요할 때는 잠시 멈추어 숨을 고르는 과정도 필요하다.

| 한 번에 승부를 걸어라 ✕ 2배속으로 두 번 듣는 게 더 낫다 ○ |

속청 공부법을 사용하면서 무조건 한 번 만에 강의 내용을 전부 뇌리에 집어넣어야 한다는 생각은 접어두는 것이 좋다. 속청을 활용하는 큰 이유는 한 번 들을 시간에 두 번 들을 수 있다는 장점 때문이다. 단 한 번 만에 강의를 완벽하게 끝내려 하지 말고 두 번, 세 번 듣는 시간을 확보했다고

생각하는 편이 공부 효율을 위해 좋다.

인강 사이트의 플레이어에는 대부분 '책갈피' 기능이 존재한다. 반드시 기억해야 하는 중요한 부분에는 책갈피를 클릭해 기록해두고, 다시 들을 때 해당 부분을 집중적으로 복습하면 효과는 배가 된다.

바로 이것이 정속으로 강의를 '한 번' 듣는 것보다, 배속으로 '두 번' 반복했을 때 효과적인 이유이다. 똑같은 시간을 투자하더라도 반복 학습을 통해 뇌리에 더욱 깊이 새겨지기 때문에 속청 공부법은 시간 대비 효율을 높여주는 훌륭한 수단이 된다.

과목별 공부 핵심 포인트

이제까지 포괄적으로 적용 가능한 공부법과 공부 기술에 대해 다뤄보았다면, 지금부터는 좀 더 세분화해 과목별로 집중하면 좋은 포인트들을 짚어보려 한다. 과목별 족집게 과외처럼 핵심 노하우를 쏙쏙 뽑았으니, 수능 고득점을 목표로 한다면 반드시 참고하자. 이 포인트를 자신의 평소 공부 스타일과 적절히 섞어 활용한다면 매우 큰 도움이 될 것이다.

국어의 경우, 사실 어려워하는 포인트가 사람마다 유독 다른 과목이다. 하지만 수능에서 고득점을 얻는 것을 기준으로 가장 중요한 포인트를 하나만 꼽는다면, 그건 다름 아닌 'EBS 교재'라고 자신할 수 있다.

EBS 『수능특강』, 『수능완성』은 거의 모든 수험생이 구매하고 공부하지만, 그 중요성이 저평가되어 있는 교재라고 생각한다. 시중에 나와 있는 인터넷 강의 전문 강사들이 만든 교재들의 퀄리티가 좋아지기도 했고, 워낙 좋은 문제집들이 우후죽순 생겨나면서 마치 클래식과도 같은 EBS 교재가 학생들의 우선순위에서 다소 밀려났기 때문이다.

그렇지만 EBS 교재는 수능 국어를 위한 여러 교재 중에 가장 기본으로, 마치 비빔밥에서의 '밥'과 같은 역할을 해준다. 다른 재료가 아무리 휘황찬란하고 맛있더라도 밥이 없으면 비빔밥이 완성되지 않는 것처럼, 다른 유명하고 좋은 교재들을 아무리 공부한다고 해도 EBS 교재 공부가 선행되지 않으면 수능 국어 공부는 완성되지 않는다.

내가 수능을 보았던 당시보다 EBS 교재의 수능 연계율이 축소된 것은 사실이다. 2022학년도 수능부터는 체제가 개편되면서 본래 70%였던 EBS 교재의 연계율이 50%로 축소되었다. 하지만 연계율이 낮아졌다고 해서 절대 중요성이 줄어든 것은 아니다.

여전히 수능 문항의 절반가량이 EBS 교재의 지문 혹은 그와 주제, 소재가 유사한 지문으로 출제되고 있으며, 이를 바탕으로 일부 변형하거나 재구성해 출제하는 경우도 적지 않다. 비단 연계율이 아니더라도 수능을 출제하는 기관인 평가원이 감수한 교재인 만큼, 문제의 양과 질이 우수해 수능 대비에 반드시 도움이 된다는 것이다.

그렇기에 EBS 교재들은 가볍게 풀어보는 것에서 그치지 말고, 교재 내에 등장하는 지문들을 상세하게 분석하면서 공부할 필요가 있다. 특히 시, 소설, 희곡 등과 같은 문학의 경우에는 작품 하나하나를 집중 분석하는 것이 필수라고 생각한다. 이는 수능에 출제될 가능성이 매우 높은 작품들이기에, 세심하게 차근차근 톺아보며 국어 과목에 대비할 필요가 있다.

수학은 무조건 '양치기'다

수학 공부는 딱 한 단어로 정리할 수 있다. 바로 '양치기'이다. 여기에서 양치기란, 굉장히 많은 양의 문제를 풀어서 다양한 유형을 익히고, 그 유형에 맞는 풀이법이 머릿속에서 바로바로 도출될 수 있도록 하는 '문제풀이 훈련 방법'의 일종을 말한다. 질이 아닌 양으로 승부한다는 뜻에서 '양치기'라는 이름을 붙였다.

나는 이 양치기 훈련법을 이용해서 수학 성적을 엄청나게 끌어올린 당사자이다. 유독 수학 과목이 약하기도 했고, 보통의 학생들이 6년간 해야 할 수학 공부의 양을 1년 10개월 만에 해치워야 했기에 질적인 공부보다는 절대적인 양을 커버하는 공부를 해야겠다고 생각했다.

수학은 아무리 좋은 교재를 사용하고 비싼 강의를 듣더라도, 절대적인 문제풀이의 양이 채워지지 않은 상태라면 해당 공식을 문제에 적용하는 숙련도가 떨어져 성적을 일정 수준 이상으로 올리기 어렵다. 나는 엄청난 양의 문제를 풀어 수능 수학 문제의 유형을 익히는 데 집중했고, 그 전략은 정확히 들어맞았다.

특히 수능 수학은 우리가 수학에 대해 얼마나 잘 알고 있는지 물어보는 시험이 아니다. 이 공식에 대해 얼마나 이해하고 있는지, 이걸 적용해서 짧은 시간 안에 문제를 얼마나 정확히 풀 수 있는지에 대해 평가한다. 그렇기에 문제풀이에 있어서의 숙련도가 올라가야 성적이 오를 수 있는 길이 열린다.

양치기의 중요성에 대해 이해했다면, 이제 이것을 실제로 적용해볼 차례! 우선 '양치기 훈련법'을 이용할 때 푸는 문제는 사설 문제집보다는 기출문제를 활용하는 것이 좋다. 시중에 나와 있는 사설 문제집만으로 문제풀이 연습을 진행한다면, 오개념이 생길 가능성이 크다. 평가원이 출제하는 문제와는 다른 유형, 다른 결의 문제들이기 때문에 실전에 사용할 문제풀이 기술을 연마하는 데 한계가 있는 것이다. 따라서 실제 수능 혹은 평가원 모의고사의 기출문제만 모아 놓은 문제집을 구매해, 연필이 닳도록 끊임없이 문제를 풀어보는 것이 가장 효과적이다.

이 공식을 적용해봤다가 틀리고, 해설을 봤다가 무엇이

문제였는지 깨닫고, 다른 공식을 적용해보고 또 틀리고, 답지를 봤다가 또 다른 공식을 적용하다 보면, 결국 문제를 맞힐 수 있게 된다.

이와 같은 문제풀이 과정을 지속적으로 반복하다 보면 여러 유형의 문제에 대한 감이 생겨 나중에는 어떤 문제를 보더라도 '아, 이 유형이네! 이 공식으로 풀어봐야겠다'라는 생각이 떠오르게 된다. 바로 이것을 노리고 양치기 훈련법을 이용하는 것이다.

단, 이 양치기 훈련법에서 주의할 점이 있다. 수학 개념을 확실히 익힌 후에 사용해야 한다는 것이다. 개념을 공부하는 단계에서부터 기출문제를 양치기 훈련법으로 푼다면, 아직 개념과 공식들이 익숙하지 않은 상태이기에 문제풀이에 대한 감은 잡히지 않고 거부감만 키우는 부작용이 일어날 수 있다.

자신이 개념을 모두 익혔다는 판단이 든 이후, 양치기 훈련법으로 수학의 감을 익히고 실력을 다진다면 수학 고득점 역시 어렵지 않다.

수험생들이 수능 영어에서 가장 어려워하는 부분이 바로 '독해'라고 생각한다. 어렸을 때부터 학원에 다니며 'I, my, me, mine'을 외우고 문법 공부는 했지만, 수능 문제의 지문을 독해하는 것에 어려움을 느껴 고득점을 얻는 데 실패하는 경우가 많다. 사실 어느 정도의 기본 실력이 있다면 답이 보이는 문법과 달리, 독해는 충분히 연습이 되어있지 않으면 맞히기 어려운 문제들이 꽤 있다.

그래서 수능 영어를 공부할 때는 문법보다 독해에 더 시간을 할애하라고 강조하고 싶다. 문제는 '독해 능력을 어떻게 기르냐'이다. 사실 이에 대한 유일한 답이자 가장 쉬운 방법은 이것이다.

"영어책을 읽어야 한다!"

하지만 이 말을 들으면, 많은 수험생들이 "내가 어릴 때부터 영어책 읽는 습관이 있었던 것도 아니고, 지금은 다른 공부하느라 바쁜데 어떻게 시간 내서 영어책을 읽어요?"라고 반문할 것이다.

그런데 매일 영어책 읽는 연습을 하는 것이, 장담하건대 문법에 시간을 투자하는 것보다 더욱 직접적으로 수능 영어 점수를 올리는 방법이 될 수 있다.

시중에 판매되는 중·고등학생 수준의 '영어 챕터북'을 구매하여 하루 20~30분씩 읽는 연습을 꾸준히 해보자. 중·고등학생 수준의 영어책은 쉽게 읽을 수 있을 것 같지만, 은근히 어려운 표현들이 등장해 독해하기가 꽤 까다롭다.

책에 쓰인 문장이나 어구를 꾸준히 익히다 보면, 독해 실력이 쑥쑥 늘고 문법이 어떻게 활용되는지도 자연스레 파악할 수 있게 된다.

탐구 과목의 답은 '개념'에 있다

'제곧내', 즉 제목이 곧 내용이다. 사회탐구든 과학탐구든 탐구 과목은 우선적으로 '개념'을 중심으로 공부해야 한다.

물론 문제풀이의 중요성은 수능 대비에 있어 더 강조할 필요가 없지만, 탐구 과목은 유독 다른 과목에 비해 개념 공부를 탄탄히 해야 효율을 높일 수 있다.

탐구 과목은 '국·영·수'에 비해 입시에 있어서 반영 비율이 적다 보니 공부 시간 배분 역시 적게 하게 된다. 적은 시간 내에 많은 양의 범위를 소화해야 해서 많은 수험생들이 '개념 공부는 이 정도로 하고, 얼른 문제풀이로 넘어가자'라는 생각을 하기 쉽다.

하지만 개념을 완벽히 익히지 않은 상태에서 문제풀이에 집중하다 보면 오답이 많아지고, 오답이 많이 생기면 다시 그 부분의 개념만 간략하게 훑게 된다. 그렇게 틀린 부분의 개념 공부만 반복하다 보면, 전체 개념의 틀이나 흐름을 이해하지 못해 좋은 성과를 내기 어렵고, 결국 처음부터 개념을 다시 잡아야 하는 상황이 올 수 있다. 오히려 시간을 낭비하는 것이다.

이런 상황을 만들지 않으려면 최소 2회 이상 차분하게 개념 정리를 마친 후에 문제풀이에 도입하는 것이 좋다. 각 과목별 기본 개념서를 구매하거나 개념 인강을 활용하여,

처음부터 끝까지 개념 자체를 씹어 먹듯 확실하고 탄탄하게 다져놓아야 한다.

이때 노트 필기는 필수이다. 다른 과목은 자신의 공부 스타일에 따라 필기를 하지 않을 수도 있겠지만, 암기 비중이 높은 탐구 과목의 경우 꼼꼼한 노트 필기가 반드시 필요하다고 강조하고 싶다.

탐구 과목별로 전용 노트를 하나씩 만들어, 이 노트에 내가 배운 개념들을 모두 적어본다는 생각으로 차곡차곡 정리하면 효과적이다. 손으로 써보며 확실하게 개념을 머릿속에 집어넣을 수 있고, 나중에 문제풀이 단계에서 헷갈리는 개념이 있을 때 노트를 바로 펼쳐 다시 복습하기에도 쉽다.

'필기'에도 전략이 있다

인강을 듣거나 문제를 푸는데 아무리 열심히 해도 그 내용이 머릿속에 잘 들어오지 않고 맴돌기만 하는 경험, 다들 한 번씩은 있을 것이다. '분명히 강의도 들었고 문제도 풀었는데, 왜 머릿속에 쌓이는 느낌이 들지 않는 걸까?'라는 의문이 들 때는 필기하는 것이 해결책이 될 수 있다.

내가 여기서 말하는 '필기'란, 태블릿이나 노트북 자판을 사용해 타이핑하는 것이 아니라 노트에 직접 쓰는 손 필기를 말한다. 타이핑이라는 편하고 빠른 방법이 존재하는데 왜 불편하게 손으로 필기해야 하냐고 묻는 사람이 있을지도 모르겠다.

하지만 내가 배운 것을 직접 종이에 써가며 나의 언어로 정리하는 것은, 노트북 필기와는 매우 다른 장점이 존재한다. 노트북 필기와 손 필기의 가장 큰 차이점이 무엇일까. 이 차이점을 명확하게 보여주는 사례를 소개해보려 한다.

'손 필기'가 효과적인 이유

인지심리학자이자 경기대학교 교양학부 이국희 교수는 미국 프린스턴대학교에서 수행한 연구[*]에서 위의 의문에 대한 답을 찾아냈다. 프린스턴대 재학생 67명을 두 집단으로 나누어 한 집단은 동일한 강의를 들으면서 노트북으로 필기

---

[*] Mueller, P. A., & Oppenheimer, D. M. The pen is mightier than the keyboard : Advantages of longhand over laptop note taking. Psychological Science, 25(6), 1159–1168, 2014

하게 했고, 다른 집단은 손으로 필기하게 했다. 그리고 시험을 보았다. 시험 문제는 모두 주관식으로 출제되었는데, 하나는 단답형 문제이고, 다른 하나는 서술형 문제였다. 시험 결과가 어땠을까?

손으로 직접 노트에 필기한 집단이 노트북 집단보다 시험 성적이 훨씬 우수했다. 단답형 문제와 서술형 문제에서 손 필기 집단의 성적이 우수했고, 특히 서술형에서는 손 필기 집단이 월등하게 우수했다. 점수로 말하자면 노트북 필기 집단은 70점 이상의 점수를 받았고, 손 필기 집단은 90점 이상의 점수를 받았다.

왜 이런 일이 벌어지는 걸까? 연구자들은 다양한 분석을 시도하였다. 먼저 필기량의 차이를 확인했다. 노트북으로 필기한 집단의 필기량이 월등히 많다는 것을 알 수 있었다. 거의 3배 차이였다. 만약 필기량이 '필기의 질'과 '공부의 질'을 결정했다면, 당연히 노트북 집단의 성적이 좋았어야 했지만 결과는 정반대였던 것이다.

연구자들은 다른 요소로 눈을 돌렸다. 그들은 강의 녹취록을 확보하여, 이 녹취록과 필기 내용이 얼마나 유사한지

×
시간

157

확인해보기로 했다. 쉽게 말해, 강의 녹취록과 필기 내용 간의 표절 검사를 한 것이다.

만약 녹취록과 필기 내용 간에 유사도가 높다면, 이는 연구 참가자가 강사의 말을 앵무새처럼 똑같이 받아 적는 데 바빴다는 의미가 된다. 반대로 유사도가 낮다면, 연구 참가자는 강사의 말을 자신의 언어로 변환하려고 노력했다는 의미가 된다.

결과는 명확했다. 손 필기법을 활용한 사람들은 녹취록과의 유사도가 매우 낮았지만, 노트북으로 필기한 사람들은 매우 높았다. 즉 노트북으로 필기한 사람들은 강사의 말을 있는 그대로 받아쓰기만 한 반면, 손 필기를 한 사람들은 자신들의 언어로 변환하여 필기한 것이다.

손 필기법을 사용한 사람들은 강사의 말을 그대로 따라 적는 대신, 자신의 사전 지식과 강사의 말을 연결했고 자신의 언어로 변환하는 '생각하는 필기'를 하였다. 반면 노트북으로 필기한 사람들은 마치 속기사처럼 그냥 별생각 없이 들리는 대로 받아적기만 한 것이다. 또한 손 필기를 통해 '생각하는 필기'를 한 집단은 정확한 기억력을 가지고 단답형 문제에 답할 수 있었지만, 노트북 필기를 한 사람들은 그렇지 못했다. 심지어 손 필기를 한 사람들은 서술형 문제에 필요한 이해력, 사고력, 문제해결력, 통찰력을 가지게 되었지만, 적는 데 바빴던 노트북 필기 집단은 이러한 중요한 인지능력을 올리지 못했다. 바로 이 차이가 꽤나 큰 성적의 차이를 만들었다.

이 연구 결과를 보면, 손으로 필기하는 과정이 우리 뇌에 얼마나 큰 영향을 주는지 알 수 있다. 학교·학원에서 수업을 듣거나 인강을 청취할 때 아무런 생각 없이 받아적는 속기형 타이핑이 아니라, 스스로의 언어로 바꾸어 적는 손 필기는 성적을 올려주는 큰 요인이 될 수 있다. 이런 이유로 노트에 꾹꾹 눌러 쓰는 손 필기를 수험생들이 전략적으로 활용하기를 권한다.

● 이국희, 『창의성 같은 소리하지 말고, 공부』, 브런치북, 2020
　이국희, 『메모리 크래프트』 9장. 머리에 남는 필기술, 이너북스, 2019

손으로 필기할 때 색색의 펜을 이용해 '예쁘게' 정리하는 것에 치중하는 경우가 있는데, 이게 효과가 있을까? 나는 그 '예쁘게'의 정의에 따라 그럴 수도 있고, 아닐 수도 있다고 답하겠다.

우선 '예쁘게'의 의미가 말 그대로 심미적인 관점에서 훌륭해 보이는 필기만을 말하는 것이라면, 큰 효과가 없다고 자신 있게 말할 수 있다. 주변을 둘러보면 노트 필기에 굉장히 공을 들이는 친구를 한 명쯤은 볼 수 있을 것이다. 그림을 그리고, 다양한 색깔의 펜으로 밑줄을 긋고, 칸을 나누고, 말꼬리를 쳐가며 마치 세련된 교재처럼 노트를 꾸미는 친구들 말이다.

하지만 노트 필기의 '내용'보다 '예쁨' 그 자체에 지나치게 신경 쓰는 경우라면 그다지 성적에 도움이 되지는 않는다. 필기는 공부의 수단이 되어야 하는데, 필기 그 자체가 목적이 되어버리기 때문이다.

이와는 다르게 '예쁘게' 필기하는 것의 의미가 단순히 치장의 의미가 아니라 '내가 보기 편하고 깔끔하게'의 의미라면 그 필기는 굉장한 도움이 될 수 있다. 자신이 배운 것을 스스로의 방식으로, 스스로의 언어로 보기 편하게 정리한다면, 그것은 필기 중에도 혹은 필기 이후에 복습할 때도 엄청난 효과를 내기 때문이다. 그러므로 다시 보았을 때 깔끔하다는 느낌이 드는 필기를 하는 정도면 충분할 것이다.

나는 '삼색 필기법'을 사용하여 공부 내용을 손으로 노트에 정리했다. 말 그대로 딱 세 가지 색깔의 펜만 사용하여 필기하는 것으로, 형광펜이나 마스킹 테이프 등 부가적인 도구는 굳이 필요 없다. 검은색, 빨간색, 파란색의 삼색 볼펜 하나씩과 노트만 있으면 충분하다.

세 가지 펜의 역할이 각각 다른데, 기본적인 내용은 검은색 펜으로, 기억해야 할 문장이나 어구는 파란색 펜으로, 아주 중요한 단어는 빨간색 펜으로 필기했다. 너무 흔히 쓰는 필기법이라 별로 특별할 것이 없다고? 하지만 그 세 가지 펜의 역할을 잊지 않고 제대로 사용한다면 분명히 도움을 받을 수 있을 것이다.

삼색 펜과 노트가 준비되었다면, 이제 과목별 필기 방법을 알아보자. 노트는 두꺼운 한 권을 사서 과목별로 페이지를 나누어 사용해도 되고, 과목별로 각 한 권씩 사용해도 좋다. 나는 휴대성을 고려해 과목별로 한 권씩 노트를 만들어 사용했고, 수능 직전에는 별도로 수능 시험장에 들고 갈 얇은 노트 한 권을 마련해 전 과목의 핵심 내용 전체를 그곳에 정리하는 방식으로 공부했다.

| 국어 |

주로 문학을 공부할 때 노트 필기를 적극 활용하였다. 수능이나 모의고사에 자주 등장하거나 주요 작품으로 언급되는 작품을 꼽아서 그 특징을 정리해보았다.

특히 짧은 시와 같은 운문 작품들은 노트 안에 작품 전체를 처음부터 끝까지 써보았다. 그런 다음, 작품 내에서 비유·대비되는 표현, 반복되는 운율 등 집중할 포인트는 빨간 펜으로 강조하고, 그 옆에 작품의 주제, 성격, 갈래, 대표적인 특징 등을 파란 펜으로 정리했다.

소설 등의 긴 산문 작품은 전부를 옮겨 쓸 수 없으니, 간단하게 줄거리를 정리해보는 것이 도움이 된다. 흐름을 기

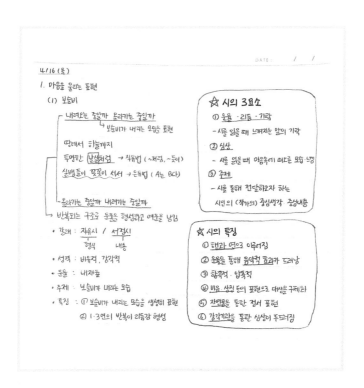

억할 수 있도록 소설의 전개 순으로 간단하게 3~4줄씩 정리한 다음, 앞에서 말한 운문 작품과 똑같이 주제, 성격, 특징, 갈래 등을 옆에 적어두는 것이다. 이렇게 하면 그저 작품을 읽고 밑줄만 그었을 때와는 차원이 다르게 작품을 깊이 이해하게 되고, 자신의 언어로 직접 정리해본 경험 덕에 자연스럽게 암기하는 효과도 얻을 수 있다.

보통 수학을 공부할 때는 '개념 익히기 → 기본 문제풀이 → 심화 문제풀이 → 실전 모의고사 풀이'의 네 단계를 거치게 된다. 나는 이 네 단계 중 '심화 문제풀이'의 단계에서 노트 필기를 적극 활용하라고 권하고 싶다.

개념을 익히고 기본 문제를 푸는 데까지는 노트 필기가 딱히 필요하지 않다. 하지만 심화 문제를 풀다 보면, 노트 정리가 도움이 되는 순간이 온다. 심화 문제를 푸는 단계부터는 사실상 문제를 틀리지 않는 게 불가능하고, 틀린 문제를 잘 파악해서 오류를 줄여야 하므로 이른바 '오답노트'를 활용하는 것이 중요하다.

문제집이나 모의고사 등에서 자신이 틀렸던 문제를 노트에 옮겨 적고, 다시 차근차근 풀어보며 어디에서 오류가 난 것인지를 파악해본다. 오류를 파악했다면 그것을 바로잡기 위해서는 어떤 공식을 암기해야 하고, 이 공식을 어떤 순서로 적용해야 할지를 노트에 적어보자.

자주 헷갈리는 공식이나 문제풀이 순서를 반복해서 적다 보면, 나중에 비슷한 유형의 문제가 나왔을 때 그것을 바로

#29번 문제)

Q. 좌표평면에서 원 C가 함수 $f(x)=$ $x^4 - \frac{5}{2}x^2 + \frac{5}{2}$ 의 그래프와
$x = -1$, $x = 1$ 에서 접한다. 또한 원 C와 y축과가 양수인 서로 다른 두 점에서 접하는
이차함수 $g(x)$가 모든 실수 x에서
$f(x) \geq g(x)$를 만족시킨다.
함수 $g(x)$의 최댓값을 k라 할때,
12k의 값은? (단, k는 상수)

틀린 이유;; $g(x)$ 함수의 최댓값을 구하는 과정에서, 우함수 공식을 잘못 적용함.

맞는 풀이; $f(x)=x^4 - \frac{5}{2}x^2 + \frac{5}{2}$ → 우함수 (y축 대칭)

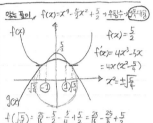

$f(x) = \frac{5}{2}$

$f'(x) = 4x^3 - 5x$
$= 4x(x^2 - \frac{5}{4})$
→ $x^2 = \pm\sqrt{\frac{5}{4}}$

$g(x)$ = y축대칭인 우함수 → $ax^2 + b$
$g(1)=1$, $a+b=1$, $b=1-a$ ← y축 대칭대로 탐색하게!
$g(-1)=1$, $a+b=1$
$g(x) = ax^2 + (1-a)$ $g(0) = 1-a = t$
$g(x) = uax$ $g'(1) = 2a = -1$ $a = -\frac{1}{2}$

$f(\sqrt{\frac{5}{4}}) = \frac{25}{16} - \frac{5}{2} \cdot \frac{5}{4} + \frac{5}{2} = \frac{25}{16} - \frac{25}{8} + \frac{5}{2}$
$= \frac{25 - 50 + 40}{16} = \frac{15}{16}$ → 양수 $f(1) = f(-1) = 1$
$f'(1) = -1$

$k = 1 + \frac{1}{2} = \frac{3}{2}$
$12k = \frac{3}{2} \times 12$
= 정답: (18)

#30번 문제)

Q. 최고차항의 계수가 -1인 이차함수 $f(x)$와
2이상의 실수 t에 대하여, 함수 $g(x)$를
다음과 같이 정리한다.

틀린 이유; 그래프 면적 통해서 최댓값, 올바르게 구하기 실패 + 계산 실수 ★ 그래프 그리고 면적 구하는연습 확실히!

(가) $x \geq 0$ 일 때

$g(x) = \begin{cases} x^2 - (t-2)x & (0 \leq x \leq t-1) \\ f(x) & (t-1 \leq x \leq t+1) \\ -x + 2t + 2 & (x \geq t+1) \end{cases}$

(나) 모든 실수 x에 대하여 $g(-x) = g(x)$ 이다.
y축대칭 → 우함수

함수 $g(x)$가 실수 전체의 집합에서 연속일 때,
$\int_{-5}^{5} g(x)dx$ 의 최댓값을 구하시오.

맞는 풀이; $g(t-1) = (t-1)^2 - (t-2)(t-1) = t-1$
$g(t+1) = -t-1 + 2t+2 = t+1$
$f(t-1) = t-1$, $f(t+1) = t+1$

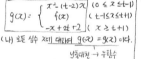
$y=x$
$t+1$
$t-1$
$2t$
$t-1$ $t+1$
$t-2$
$\int_0^5 g(x)dx$
$2\int_0^5 g(x)dx$
(22)

$f(x) - x = -(x-(t-1))(x-(t+1))$
$f(x) = -\{x-(t-1)\}\{x-(t+1)\} + x$

적용하여 해결할 수 있게 된다. 이때 기본 공식은 검은색으로 쓰고, 헷갈리거나 어렵다고 느껴지는 중요 부분에는 빨간색 표시를 해두면 쉽게 암기할 수 있고, 나중에 찾아보기도 편하다.

수학 오답노트를 작성할 때는 노트를 반으로 접거나 나눠 왼쪽에는 문제를, 오른쪽에는 자신이 틀렸던 풀이와 맞는 풀이를 함께 적어두는 것이 편리하다. 한눈에 자신이 틀렸던 부분을 파악할 수 있고, 문제를 유형별로 나누어 살펴보기에도 용이하다.

| 사회탐구 |

사회탐구는 노트 필기를 매우 적극 권장하고 싶은 과목이다. 나는 사탐 선택 과목 중 생활과 윤리, 사회·문화의 두 과목을 선택하여 응시했는데, 두 과목 모두 암기가 중요한 과목들이라 필기를 정말 열심히 했다.

이 과목의 경우, 수험생 시절 나의 사회탐구 과목의 스승이었던 이지영 강사님의 필기 방식을 그대로 따라했다.

우선, 삼색 펜을 준비한 후 노트를 세로로 접어 반으로 나

눈다. 다음으로 짧은 문장과 키워드 중심으로 핵심 개념을 정리하며 적어나간다. 주요 단어들은 파란색, 빨간색의 펜으로 강조해 눈에 잘 들어오게끔 짧게 끊어 필기하는 것이 좋다. 검은색 펜으로 글씨를 쓰고 색깔 펜으로 밑줄을 긋거나 동그라미를 치는 것보다, 중요한 부분은 아예 색을 바꾸어 글씨를 쓰는 게 훨씬 눈에 잘 들어온다.

덧붙이고 싶은 내용이 있다면 포스트잇을 사용하거나 꼭 강조하고 싶은 부분이 있다면 형광펜을 그어주어도 된다. 하지만 형광펜으로 강조하는 부분이 너무 많아지면 자칫 필기가 어수선해 보일 수 있으므로, 되도록 형광펜은 적게 사용하는 것이 좋다. 이 필기 방식이 매우 효율적이라 다른 과목에 적용해보기도 했었다.

그리고 사회탐구 과목의 경우, 선지를 하나하나 뜯어서 분석해보는 과정을 거치는 것도 굉장한 도움이 된다. 이 방식 역시 이지영 선생님의 강의로부터 비롯된 필기 방법인데, 내가 틀렸거나 헷갈렸던 선지, 오답률이 높은 선지, 자주 출제되는 선지들을 골라서 노트에 직접 써보는 것이 매우 유용했다.

3. 생명중심주의

① 슈바이처

　ａ. 생명외경사상

　　㉮ 생명긍정 (증진·반석·영장)

　　㉯ 생명부정 (단축, 해치는 것)

　ｂ. 원칙 : 생명의 동등성

　　㉠ 생명체의 위계 부정 ──원칙·대비

　　㉡ 인간 = 동물 = 식물 ──현실타 구별할것

　　　내재적 가치 지님

　ｃ. 예외 : 생명의 자율성

　　불가피한 경우, 생존을 위해 허용

　　단, 도덕적 책임은 발생

② 테일러 「자연에 대한 존중」 ──목의 주체

　ａ. 모든 생명체는 목적론적 [삶의 중심]

　ｂ. 목적 : 자기보존, 번식, 행복추구 …

　　⇒ 「고유의 선」 (내재적 가치)

〈생타1〉 도덕적 고려 [대상] 비교 ──개체 범위

	인간	동물	식물	무생물
인간중심	○			
동물중심	○	○		
생명중심	○	○	○	
생태중심	○	○	○	○

⇓　　　　ａ. 직접 의무의 대상

[공통점]　　ｂ. 내재적 가치

인간만 도덕적　　ｃ. 도덕적 지위, 도덕적 가치

행위의 '주체'

　　　ｄ. 토마스 : 서로 책임윤리 필요

　　　└론·인+론·생 통합

4. 생태중심주의

① 지구의 모든 존재 (인간·동물·식물·무생물)

　⇒ 내재적 가치 지님 (주체 X, 가치 ○)

② [전체론]적 사고 (전일주의)

　전체 생태계 > 개별 생명체

　[전체론]　　[개체론]

③ 유기체적 자연관 (≒ 동양)

　" 생태계는 살아있다 "

④ 학자

　ａ. 레오폴드 : 대지윤리

　　① 지구생명 공동체의

　　　안정성·완전성·아름다움에 기여 ⇒(선)

　　㉡ 무생물도 내재적 가치 ○

　ｂ. 네스 : 심층생태학

　　근본적인 세계관 변화 (큰 자아 이론)

　ｃ. 러브룩 : 가이아이론 (대지의 여신)

　ｄ. 롤스톤 : 지구의 모든 존재에 대한 의무

〈생화 2〉 평가

1. 극단적 인간중심주의 : 환경오염 초래 [개발론]

2. 극단적 생태중심주의 : 환경파시즘 [보전론]

　[해법] 개발과 환경의 조화 : ESSD

3. 온건한 생태중심주의

　: 자연의 질서에 부합하는 개발만 허용

★4. 온건한 인간중심주의 (현대적 관점)

　ａ. 장기적 이익의 관점

　ｂ. 미래 세대에 대한 고려

　　⇒ 학자 : 패스모어 ──대법

　　① 생태계 파괴 → 현재·미래 이익에 손해

　　㉡ 서양의 전통 도덕은 '해악금지원칙'

〈3주제 - 삶과 죽음, 생명과학과 윤리〉

✱ 오답을 NO.5 ✱

- **-1위** : 불교에서는 내생의 더 나은 삶을 위해 [현생에서 도덕적 수행]이 필요하다고 본다. [⊚ , ✕]
  (4번)
  약함   좋은 인보를 쌓는 것

- **-2위** : 불교는 [무명 (無明) 상태]에서는 [상호의존관계]를 결코 벗어날 수 없다고 본다. [⊚ , ✕]
  (10번)
  애함   고통의 세계   연기의 법칙 지배이기 때문요

- **-3위** : 전통사회 [통과의례] 중 [상례]는 마지막 통과의례에 해당한다. [⊚ , ✕]
  (30번)
  틀림   관 (성인식) , 혼 (결혼식) , 상 (조상·장례) , 제 (제사) →자손들이 하는 마지막 의례

- **-4위** : [공리주의] 관점에서는 모든 가치기준은 상대적일 수밖에 없으므로, 안락사 허용여부를 [⊙ , ⊗]
  (7번)
  애매함   판단하기 어렵다고 본다.   유용성의 원리를 중시하기 때문에
  판단해야 한다고 본다   →쉽게 전통 모두 꼼꼼히 보기

- **-5위** : 환자가 안락사를 원하지 않는 상황에서 하는 경우를 `[의 자발적 안락사]`라 한다. [⊙ , ⊗]
  (53번)
  애매함   (비자발 / 반자발 착상기 구별하기)   반자발적

  [81P 2번문제 ㄴ] - 하이데거는 ✿죽음은 [어느누구도 회피할 수 없]는 가장 확실한 가능성이다☆라고 주장할것이다.

✱ 내가 틀린 선지 ✱

- **-6번** : [불교는] 인연생기에 의한 모든 것은 일시적인 현생일 뿐이라고 본다. [⊚ , ✕]
  불변 ✕ , 가변 ○ (인생무상)

- **-22번** : 도가의 죽음은 삶과 [구별할 수 없는] 자연스러운 순환의 과정이다. [⊚ , ✕]
  차별·대립을 지양함   (구별할 수 있다고 헷갈림, 확실한 구별 ✕)

- **-76번** : 하이데거는 [죽음]은 인간이 살아있는 동안 그것을 자각할 수 없다는 점에서 의미가 [없다]고 본다.
  [실수 원인] 불교 교리의 '가변성' '차별 지양' 키워드 헷갈림   있다! ← [○ , ⊗]

✱ 헷갈렸던 선지 ✱

- **-31번** : [전통의례] 중 상례와 제례에 의해 살아있는 자는 죽은 자와 [관계를 맺게 된다.] [⊚ , ✕]
  유교 keyword   계세사상 (세대를 잇다)

- **-38번** : 간트의 입장에서 유흥비 마련을 위해 자신의 몸을 성매매의 대상으로 삼는 행위는
  사회의 도덕 규범과 [관습에 귀배]되므로 도덕적이지 않다. ○   [○ , ⊗]
  시대 상황에 따라 가변적   ✕

- **-73번** : 에피쿠로스는 [죽음]이 산 사람이나 죽은 사람 모두와 아무 상관이 없다고 본다. [⊚ , ✕]
  산 사람은 경험 불가, 죽으면 내각도 '알 수' 없음

- **-91번** : 하이데거는 죽음에 대한 두려움에서 벗어날 때, [진정한 쾌락을] 얻을 수 있다고 본다. [○ , ⊗]
  에피쿠로스 (쇼극적) 쾌락 중시 : 죽음의 공포에서 해방 !

이렇게 하면 선지를 통해 개념을 완벽히 익힐 수 있을 뿐만 아니라 각 선지별 정답 여부를 빠르게 판단하는 연습도 된다.

기출문제 풀이의 기술

수능에 필요한 사고력과 문제 유형을 파악하는 통찰력, 이 둘을 단시간에 키우는 가장 빠른 방법은 무엇일까? 바로 '기출문제'를 분석하고 푸는 것이다.

사실 수능에 대한 모든 것이 기출문제에 다 들어 있다. 과장하지 말라고? 근데 진짜다. 사교육 시장에서 일타 강사들이 직접 만들었다는, 대치동 학원가에서 비싸게 팔리는 예상 문제? 그래, 좋다. 효과가 없진 않을 것이다.

하지만 한국교육과정평가원에서 엄청난 예산을 들여 출제 위원들을 선별하고 한 달 이상의 회의를 거쳐 만드는 수능 기출문제는 그와 비교도 안 될 정도로 좋다. 인터넷에 쳐보기만 하면 나오는 '공짜' 문제이기 때문에 그 가치를 간과하는 학생들이 많지만, 사실 기출문제야말로 가장 비싸고 귀한 자료인 거다.

이미 나왔던 문제니까, 교과서에서 훑어봤으니까, '기출'은 더 이상 풀지 않아도 된다고? 절대 아니다. 수능 시험을 준비하며 수능 출제 기관에서 출제한 문제보다 더 중요한 자료는 없다. 기출문제를 풀어보는 것은 수능에 대한 감을 직접적으로 익힐 수 있는 가장 빠르고 정확한 방법이며, 많이 풀면 풀수록 실력이 단단하게 다져지는 활동이다.

많은 학생들이 '개념을 먼저 익힐 것인가? 문제를 먼저 풀 것인가?'를 고민할 것이다. 단지 공부하는 방식과 스타일의 차이일 수도 있지만, 수능에서만큼은 기출문제를 먼저 풀어보라고 권하고 싶다.

수능은 객관식 시험이고 매년 출제되는 주제와 유형이 어느 정도 정해져 있는 시험이다. 따라서 어떻게 문제가 출제되는지 감을 잡지 못한 상태에서 개념을 마스터하기 위해 막연히 시간을 들이는 것보다, 이 '개념'이 수능에서는 어떤 유형과 어떤 성격의 '문제'로 출제되는지 파악한 후에 기본 개념을 공부하면, 수능에 대한 이해도를 높여 시간을 단축하는 효과를 얻을 수 있다.

'오답'을 철저히 분석하라

기출문제가 굉장히 양질의 문제들이긴 하지만, '대충' 풀어보기만 한다면 크게 도움이 되지 않는다. 단순히 기출문제를 풀고 채점해서 맞고, 틀리고를 표시하는 것에서 끝나는 것이 아니라 문제풀이를 통해 출제자의 의도를 분석하고, 문제 유형을 파악하여 실전 시험에 철저히 대비해야 한다. 말 그대로 '풀어보기만' 하는 것이 아니라, 문제를 '분석할' 줄 알아야 진짜 내 것이 된다.

이를 위해 가장 우선시해야 할 것이 '오답'을 분석하는 것이다. 내가 틀린 문제에는 내 약점이 숨어 있다. 다음의 두 가지 질문을 스스로에게 던져보며, 오답을 재풀이해보는 과정을 반드시 거쳐야 한다.

하나, 내가 왜 틀렸을까?

둘, 오답을 정답으로 바꾸려면 어떻게 해야 할까?

첫 번째 질문은, 내가 어떤 부분에서 오답을 선택했는지에 대해 분석해보는 계기가 된다. 예를 들어 내가 국어 과목의 기출문제를 틀렸다고 가정해보자.

지문으로 나온 문학 작품을 읽고 선지의 맞고 틀림을 판단하는 문제였는데, 주인공의 심리를 잘못 예측한 선지를 정답으로 고른 것이다. 그러니까 내가 틀린 이유는 주인공의 심리가 묘사된 부분에서 '자조하는 표현'을 '긍정적인 표현'으로 착각한 것이 된다.

이런 식으로 내가 틀린 이유를 명확하게 분석해내야 한다. 어떤 단어, 어떤 문장이 나의 감을 흩트려놓았는지, 내가 어떤 표현을 놓쳤는지 생각해보는 것이다.

그리고 나서는 두 번째 질문을 던져보자. '오답을 정답이 되게 하려면 해당 선지가 어떻게 바뀌어야 할까?'라는 질문이다. 말 그대로 내가 '틀린 선지'를 '맞는 선지'로 바꾸어보면 된다. 예를 들어 내가 고른 틀린 선지가 '주인공 ○○은 자신의 상황에 대해 긍정적인 평가를 내리고 있다'였다면, '주인공 ○○은 자신의 상황에 대해 자조적인 감정을 지니고 있다'로 바꾸면 되는 것이다.

이 두 단계를 거쳐 자신의 오답을 '분석'하고 '수정'하는 연습을 반복한다면, 수능 문제에 대한 감이 자연스럽게 잡혀 실전에 적용할 수 있게 된다.

두세 달의 텀으로 '반복'하여 풀어라

한 번 푼 문제도 다시 보자! 마치 표어 같기도 한 이 노하우는 말 그대로 기출문제를 일정한 텀을 두고 두세 번씩 반복해서 풀어보자는 거다.

주변을 둘러보면 기출문제를 한 번 풀어보고 "저 이미 기출은 다 끝내서… 이제는 학원에서 주는 심화 문제들에만

×
시간

175

집중하려고요!"라고 당당하게 말하는 학생들이 있다. 물론 이것도 방법일 수 있지만, 기출문제를 단 한 번만 풀어보고 다시는 펼쳐보지 않는다면 성적을 올릴 수 있는 황금 같은 비법을 아깝게 놓쳐버리는 것이 된다.

그래서 반복이 중요하다. 당신이 문제를 딱 한 번 풀어보고 모든 문제의 풀이 방법을 완벽하게 기억할 수 있는 천재가 아니라면, 기억이 희미해질 즈음인 약 두세 달 정도의 텀을 두고 기출문제를 반복하여 풀어보는 것이 좋다.

다시 풀어보는 과정에서 생각보다 많은 것을 배우게 된다. 놀랍게도 예전에는 맞혔던 문제를 틀리는 경우가 생기고, 틀려서 해설까지 보고 열심히 오답노트를 작성했던 문제를 또 틀리는 경우도 빈번하게 일어난다. 우리의 뇌는 생각보다 그렇게 완벽하지 않아서, 이전에 입력되었던 내용이 자연스럽게 희미해지는 것이다.

따라서 재풀이 과정이 꼭 필요하다. 모든 과목의 기출문제를 다시 풀어보는 것이 어렵다면, 자신이 약한 과목의 약한 파트만 다시 풀어도 괜찮다. 혹은 틀렸던 문제를 골라 재풀이 해도 된다.

수능에서의 고득점은 오답의 확률을 '제로'로 만들겠다는 각오로 임해야 가능하다. 나의 약점을 완벽히 극복하려면 꺼졌던 불도 다시 보는, 이미 푼 문제도 다시 풀어보는 태도가 반드시 필요하다.

실전과 똑같은 환경에서 풀어라

많은 수험생들이 수능과 비슷한 환경에서 치러지는 교육청 혹은 평가원의 모의고사를 보고, 그 성적을 실전 수능 성적의 척도로 삼는다. 그만큼 수능과 같은 환경에서, 같은 유형의 문제를 풀어보는 것은 중요하고, 실전에서 역시 비슷한 결과를 낼 것이라는 보편적인 믿음도 있다.

그런데 나의 경우, 전국의 학생들이 동시에 치르는 '공식적인' 모의고사의 응시 자격에는 제한이 있어 나 혼자 타이머를 맞춰놓고 응시해보는 '셀프' 모의고사를 통해 실전 감각을 익혔다. 이때 실제 수능과 최대한 동일한 환경을 세팅한 후에 모의고사를 풀어보는 것이 포인트이다.

시중에는 '실전 모의고사'라는 이름을 가진 문제집이 굉장히 많이 팔리고 있다. 수능 시험과 동일한 형식으로 문제를 구성해 일회성 모의고사를 묶어 판매하는 것이다. 나는 이러한 모의고사 문제집을 사거나 인터넷에서 기출문제를 다운로드 받아, 실전 수능과 최대한 비슷한 환경에서 풀어 보았다. 온전히 하루를 잡고 전 과목 모의고사를 풀기도 했고, 때에 따라 필요한 과목만 골라 시험을 치르기도 했다.

그렇다면, 모의고사 환경 세팅은 어떻게 해야 할까?

첫째, 수능 시험과 동일한 '시간'에 모의고사를 응시한다. 전 과목 모의고사를 치를 때는 말할 것도 없고, 한 과목 모의고사만 치를 때도 시험 시각을 정확하게 맞춘다. 예를 들어, 내가 오늘 수학 모의고사를 풀겠다고 하면, 수능에서 수학 시험이 진행되는 10시 30분부터 12시 10분까지 100분간 모의고사를 푸는 것이다. 이렇게 하면 실제 시험의 사이클과 동일한 시간에 문제를 풀기 때문에, 생체 리듬이 이 시간에 익숙해지도록 만들 수 있다.

둘째, 수능 시험장과 최대한 비슷한 분위기의 '장소'를 선정한다. 주변에 사람이 있고, 공부하는 공간이면 가장 좋다.

독서실, 스터디 카페, 도서관 등이면 OK!

세 번째, 수능 시험장과 최대한 비슷한 '비품'을 준비한다. 인터넷에 'OMR 카드' 양식을 검색하면 실제 수험장에서 쓰는 것과 동일한 OMR 카드 이미지가 나온다. 그것을 프린트해서 직접 OMR 카드에 마킹하는 것까지 해볼 수 있게 준비한다. 시계 역시 디지털 타이머 혹은 스마트폰이 아닌, 수능에서 사용할 아날로그 시계를 준비하는 게 좋다. OMR 카드와 아날로그 시계, 여기에 문제를 풀 샤프와 지우개, 컴퓨터용 사인펜까지 딱 다섯 가지만 책상 위에 올려두고 시험을 시작한다.

실전과 최대한 비슷한 환경에서 이렇게 셀프 모의고사를 치렀다면, 스스로 피드백하는 시간을 반드시 가져야 한다. 예상한 것보다 성적이 낮거나 지난 시험에 비해 오히려 성적이 떨어졌다면, 그 이유가 무엇일지 찾아보고 고민해보는 시간이 필요하다.

내가 공부에 소홀했던 탓일 수도 있지만, 공부 외적인 이유 때문일 수도 있다. 주변이 어수선해 집중력이 떨어졌을 수도 있고, OMR 카드에 답을 마킹하는 것이 서툴러 시간이 부족했을 수도 있다. 이런 오류들을 줄여가는 것이 셀프 모의고사의 핵심이다.

스스로 무엇이 부족했는지, 어떤 점을 개선하면 좋을지 생각하는 시간을 충분히 가진 후, 다음 셀프 모의고사 때는 개선된 방법으로 문제를 풀어보자. 디테일한 환경까지도 실전 수능과 같이 세팅한 후에 문제를 풀어보는 셀프 모의고사는 실전 감각과 시험 사이클을 익힐 수 있음은 물론이고, 혹여라도 실전에서 저지를 가능성이 있는 실수나 오류를 줄여주어 공부 성과를 극대화시켜준다.

혼자 하는 공부가 진짜 공부다

'공부'라는 단어를 들으면 어떤 활동이 떠오르는가? 아마 학교나 학원에서 수업을 듣고, 인터넷 강의를 듣고, 필기를 하고, 문제를 풀고, 소리 내어 암기해보는 등 다양한 활동이 머릿속에 그려질 것이다.

학생들 역시 자신이 공부한 시간과 양을 측정할 때, 위에서 열거한 모든 활동을 포함시키는 경우가 많을 것이다. 하지만 나는 진짜 공부는 타인의 개입이 전혀 없는, '혼자 하는 공부'만을 지칭해야 한다고 생각한다.

열심히 공부하고 있다는 착각

학원 수업을 듣는 것, 인터넷 강의를 듣는 것, 과외를 받는 것 등 타인이 주도권을 잡고 있는 공부는 엄격히 따졌을 때 진정한 공부라고 할 수 없다. 사실 그것은 '배우고 익히는 것'이라기보다 '듣는 것'으로, 단순히 지식을 머릿속의 서랍에 꾹꾹 집어넣는 과정이라고 볼 수 있다.

그렇다면 진정한 공부는 무엇인가. 바로 자신이 혼자 계획하고 주도해 실행하는 공부를 말한다. 학원에서 배운 것을 자신의 언어로 정리해서 다시 한번 필기하는 것, 인강에서 배운 것을 표로 만들어 소리 내어 읽으며 암기해보는 것, 문제를 직접 풀고 오답노트를 쓰며 자신의 약점을 파악해보는 것 등이다.

앞에서 말한 '듣는 공부'가 머릿속의 서랍에 학습 내용이라는 물건들을 마구 쑤셔 넣는 것이라면, '혼자 하는 공부'는 그 물건들을 다시 꺼내어 용도별로, 종류별로, 중요도별로 다시 정갈하게 정리하는 것을 말한다.

마구 집어넣은 물건들은 시간이 지나면 어디에 있는지, 어떻게 써야 하는지를 금방 까먹게 된다. 하지만 정갈하게 이름표를 붙여 찾기 쉽게 정리해놓은 물건들은 필요할 때 바로 편리하게 꺼내 쓸 수 있다. 이것이 바로 '남이 떠먹여 주는 공부'와 '혼자 하는 공부'의 차이점이라고 할 수 있다.

미국 행동과학 연구소(National Training Laboratory)에서 발표한 학습 효율 피라미드를 보면, 내가 강조하는 내용의 과학적 근거도 확인해볼 수 있다. 이 피라미드는 학습 방법에 따른 학습 효과를 높은 순으로 나열한 것인데, 공부한 지 24시간 이후 기억에 남아 있는 비율이 공부 방법에 따라 현저하게 달라진다는 것이 드러난다.

수업 듣기 5%, 책 읽기 10%, 시청각 수업 20%, 시범 수업 30%, 집단 토의 50%, 실전 연습 75%, 가르치기 90% 순으로 능동적 학습 방법으로 갈수록 학습 효율이 현저히 높아지는 것을 알 수 있다.

많은 사람들이 '공부'라고 생각하는 수업 듣기나 인터넷 강의 수강은, 고작 5~20%짜리 공부에 불과한 셈이다. 하지만 누군가에게 알려주기 위해 스스로 익히고, 확실히 익힌 개념을 설명하는 행위는 90%라는 엄청난 힘을 가진 공부가 된다. 수동적으로 따라가기만 하는 것보다, 능동적이고 적극적인 태도를 취해야 효율적인 공부가 된다는 뜻이다.

평균 기억률 (Average Retention Rates)*

	기억률	방법
	5%	수업 듣기 (Lecture)
	10%	책 읽기 (Reading)
	20%	시청각 수업 (Audio-Visual)
수동적 학습 방법 (Passive Teaching Method)	30%	시범 수업 (Demonstrstion)
참여적 학습 방법 (Participatory Teaching Method)	50%	집단 토의 (Group Discussion)
	75%	실전 연습 (Practice)
	90%	가르치기 (Teaching Others)

* Walter Lewin, 'The learning Pyramid', developed by National Training Laboratory, 2015

2장
곱해야 할 것

그런데 우리 주변을 보면 어떤가. 많은 학부모들이 이 '혼공'의 중요성을 깨닫지 못하고 듣는 공부만을 시키기 위해 어린 나이부터 늦은 시간까지 학원에 보내고, 과외를 시키고, 인터넷 강의를 듣게 한다.

'남들도 다 이렇게 하는데 뒤처지지 않으려면 이 정도는 해야지', '우리 애가 혼자 공부하면 집중을 못 해서', '누가 시켜줘야 하지 혼자서는 안 하니까' 등을 이유로 학원과 과외를 '뺑뺑이' 돌린다. 그렇게 아이가 무언가를 하고 있는 모습을 보고 '아, 우리 아이가 정말 열심히 공부하고 있구나!' 하며 안심한다. 하지만 이것은 결국 5%짜리 공부만 계속해서 시키고 있는 셈이 된다.

학생들 역시 이런 듣는 공부에 익숙해져 있기 때문에 학원 수업, 인터넷 강의를 듣기만 하면 자신이 '공부했다'고 착각하게 된다. 실제로 수업을 들은 후, 며칠 동안은 머릿속에 지식이 남아 있기 때문에 공부가 된 것이라 믿고, 자신의 언어로 다시 정리하며 머릿속의 서랍을 정리하는 과정을 아예 생략해버리는 오류를 범한다.

이런 공부 방식만 계속해서 반복하다 보면, 스스로 생각하기에는 열심히 공부한 것 같은데 막상 성적은 나오지 않는 상황이 벌어진다. 밑 빠진 독에 물을 계속 부으면서 '왜 나는 안 되지? 열심히 공부했는데 왜 결과가 안 나오지?'라며 본질은 놓친 채 의문만 키우게 된다. 그렇게 스스로에 대한 자신감이 떨어지고 공부에 대한 흥미와 의욕 모두를 잃게 되면서 성적은 더욱더 떨어지는, 그야말로 악순환이 반복되는 것이다.

요리를 예로 들어 생각해보자. 아무것도 모르는 초보 요리사가 세계에서 가장 유명하다는 르 꼬르동 블루 요리학교에 입학해 세계적인 셰프들의 수업을 '수강하기만' 한다고 해서 요리 실력이 비약적으로 늘까? 아니다. 요리학교에서 배운 것을 스스로 정리하고 레시피를 끊임없이 연구하며 같은 요리를 몇십 번씩 반복해봐야 비로소 요리 실력이 성장하게 될 것이다.

훌륭한 맛을 내기 위해 스스로 시식해보고 '어, 이 맛이 아닌데?' 하며 조미료 수십 가지를 바꿔가며 넣어보기도 하고, '소금 한 꼬집'을 얼마나 잡아야 가장 맛있어지는지 몇 번씩 연습하며 손맛을 익혀보기도 하고, 예쁜 플레이팅을 위해 칼에 손을 베어보기도 해야 요리 실력이 점차 느는 것이다.

공부도 똑같다. 누군가가 떠먹여 주는 공부만 하는 게 아니라 스스로 시행착오를 거듭하고 다양한 시도를 통해 자신의 약점을 보완해나갈 때, 그 순간이 바로 나의 실력이 올라가는 순간이 된다. '혼공'이야말로 진정한 공부이자 최고의 공부법인 것이다.

성공적인 '혼공'의 요건

'혼공'의 중요성은 깨달았지만, 혼자 하는 공부가 마냥 쉽지만은 않은 것이 사실이다. 누군가의 도움 없이, 어떤 제약도 없이 스스로 힘든 과정을 뚫어내려면 무엇보다 자신만의 기준이 명확해야 한다.

나 역시 수능을 대비하며 학교나 학원의 도움 없이 오롯이 혼자 공부하며 '혼공'의 마스터가 되었지만, 그 기준을 스스로 깨닫고 명확히 세우기 전까지는 시행착오를 겪을 수밖에 없었다. 혼자 가는 길이기에 끊임없이 방향을 수정하며 점차 명확한 기준을 세워나갔고, 성공적인 '혼공'의 요건이 무엇인지도 깨닫고 정립해나갈 수 있었다.

쉽지 않은 시간을 온몸으로 뚫어내며 쌓아온 '혼공'의 노하우를 아래에 공개한다. 어떻게 해야 실패는 적게 하고 빠른 시간 안에 성공적인 '혼공'의 길로 갈 수 있을지 고민하는 모든 이들에게 도움이 될 것이다.

| 현실적인 목표 |

성공적인 '혼공'을 위해 가장 먼저 필요한 것은 현실적인 목표이다. 우선 스스로가 어떤 수준에 있는지를 파악하고, 그에 알맞은 목표를 설정하는 것으로부터 진정한 '혼공'이 시작된다. 무턱대고 너무 높은 목표를 잡거나 현재 자신의 수준과 별반 다르지 않은 목표를 잡는다면, 공부하는 의미가 크게 퇴색되어버리기 때문이다.

터무니없이 높은 목표의 경우 많은 노력에 비해 성과를 실감하기 어려워 성취감을 얻지 못하고 절망감 역시 커질 수 있다. 반면, 너무 낮은 목표는 엄청나게 노력하지 않아도

설렁설렁 도달할 수 있으니 힘든 공부의 동기 부여가 딱히 되지 않는다.

열심히 노력하면 달성할 수 있는 목표를 명확히 설정하고 공부를 시작해야 실패 확률을 현저히 줄일 수 있다. 목표는 1년 단위, 한 달 단위로 잡는 것도 중요하지만, 최대한 작은 단위로 나눠 그날그날의 목표를 설정하고, 매일의 목표를 플래너나 포스트잇에 적어 스스로 자주 볼 수 있게 해두는 것이 좋다.

| 목표 달성률 체크 리스트 |

현실적인 목표를 설정한 후 작은 단위의 계획을 세워 열심히 달리고 있다면, 그 계획이 제대로 지켜지고 있는지 점검해보아야 한다. 혼자 공부하다 보면 자신이 얼마나 공부했는지를 체크해줄 사람이 없어서 쉽게 해이해질 수 있다. 그래서 '체크 리스트'를 만들어 목표 달성의 정도를 점검해보는 것이 반드시 필요하다.

나의 경우에도 플래너나 포스트잇에 그날의 공부 계획을 적어두고, 몇 퍼센트나 달성했는지를 반드시 적었다. 이때 목표 달성 여부를 단순히 ○×로 표시하는 것이 아니라 어느 정도로 달성했는지 '목표 달성률'을 70%, 100% 등 퍼센티지로 작성했다.

이렇게 해야 자신이 세운 계획을 어떻게 실행하여 어느 정도의 비율로 성공했는지를 시각적으로 알기 편하고, 여기에 더해 내가 얼마나 열심히 했는지, 다음 계획을 세울 때 개선해야 할 점은 무엇인지, 그래서 어떻게 하면 더 발전할 수 있는지까지도 빠르고 정확하게 파악할 수 있다. 여기서 얻은 성취감은 곧 자신감과 만족감으로 이어지고, 이는 지속 가능한 공부의 큰 원동력이 된다.

| 끈기 있는 '혼풀'의 요령 |

'혼풀'은 혼자 문제 풀기의 준말이다. 혼자 공부하는 것의 진정한 의미는, 도저히 안 풀리는 문제를 혼자 깊게 파고들어 결국 풀어내는 그 순간(!)에 찾아온다고 생각한다.

나 역시 '혼풀'의 과정을 오롯이 혼자 뚫어내며 성적이 비약적으로 오른 케이스이다. 특히 수학에서 이 '혼풀'의 효과를 톡톡히 봤다. 기본 개념을 알고 어느 정도의 시간을 투자하면 어떻게든 풀리는 다른 과목에 비해, 수학이라는 어마무시한 과목은 아무리 공식을 잘 알고 시간을 투자해도 절대 풀리지 않는 문제를 만나게 된다.

어디서부터 어떻게 공식을 적용하고 풀이를 전개해나가야 할지 전혀 감이 잡히지 않는 킬러 문제들…. 이런 문제를 만날 때는 '도대체 이 문제를 어떻게 풀라는 거야, 그냥 답 볼까? 인강 선생님께 여쭤볼까?' 하는 고민의 순간이 수도 없이 찾아온다. 아무리 노력해도 도저히 풀리지 않으니 그냥 포기하고 싶은 마음이 불쑥 올라오는데, 그건 내가 지는 것 같고…. 이런 내적 갈등이 계속 일어나는 거다.

하지만 이때, 자신만의 기준을 가지고 혼자서 격파해보는 시도를 하는 것이 포인트이다. 나는 수학 문제 '혼풀'의 과정에 있어 다음의 세 가지 기준을 세웠다. 도저히 안 풀리는 문제는 난이도와 상황별로 1시간 고민할 문제, 하루 고민할 문제, 일주일 고민할 문제로 나누어 적절하게 시간을 투자해가며 어떻게든 혼자 풀어보려 노력했다.

안 풀리면 바로 패스하고 답지와 해설을 보며 올바른 문제풀이 방법을 찾는 것이 효율적이라고 생각할 수도 있겠지만, 이렇게 혼자서 깊이 고민하는 것이야말로 오히려 문제 해결력을 높여주고 나의 실력을 한 단계 더 업그레이드해줄 숨은 지름길이라고 생각한다.

기준 1. 처음부터 아예 실마리조차 안 잡히고, 공식을 이것저것 적용해보려 해도 꿈쩍도 하지 않는 문제는 1시간 정도 고민한 뒤 답지를 본 후 풀어낸다.

기준 2. 일단 문제풀이의 시작은 잘 했는데, 답을 도출해내는 경로를 찾지 못한 문제는 적어도 하루의 시간을 가지고 천천히 다양한 경로를 탐색하며 풀어낸다.

기준 3. 진짜 거의 다 왔는데…!! 마지막 공식 딱 하나만 적용하면 풀릴 것 같은데 안 풀리는 문제는 일주일까지 고민해본다. 그 마지막 열쇠를 찾아내는 게 스스로에게 엄청난 도움이 되기 때문이다.

잘 안 풀리는 문제가 있으면 일찌감치 포기하고 학교·학원 선생님 혹은 인터넷 등 타인의 도움을 바로바로 받아왔다면, 이제는 나만의 기준을 세워 어떻게든 해결하기 위해 노력해보자.

쉽게 얻은 지식은 쉽게 사라지는 법이다. 혼자서 미친 듯이 고민하고 이것저것 시도하다가 며칠 만에 얻어낸 지식은 절대 쉽게 잊히지 않는다. 이렇게 머릿속에 한 글자 한 글자 새겨지듯 깊이 남은 지식은 결국 좋은 성적이라는 커다란 결실로 돌아올 것이다.

| 나에게 맞는 공부법 |

객관적으로 '잘못된 공부법'은 세상에 존재하지 않지만, '나와 맞지 않는 공부법'은 반드시 존재한다. 자신에게 맞지 않는 공부법을 피하고, 찰떡같이 맞는 공부법을 찾기 위해서는 자신의 공부 스타일에 대한 파악이 완료되어야 한다.

가령 A 학생은 개념을 완벽히 익힌 후에 문제풀이에 들어가는 스타일이라면, B 학생은 개념은 대략 훑어본 후 문제풀이에 바로 들어가는 스타일이다. 따라서 A 학생은 문제를 풀다가 다시 개념을 보는 법이 없지만, B 학생은 문제를 풀다 막히면 필요한 개념으로 다시 돌아와 찾아본 후에 풀어낸다.

이것은 누가 맞고 틀린 영역의 문제가 아니라, 단순히 스타일의 차이일 수 있다. 여기서는 개념과 문제풀이의 순서를 예로 들었지만, 그 스타일의 차이는 공부 시간의 분배가될 수도 있고, 공부 장소가 될 수도 있고, 필기 방식일 수도있다. 그게 뭐가 됐든, 자신이 공부하며 편하고 효율적이라고느끼는 자신만의 공부 스타일이 반드시 존재한다는 말이다.

그래서 내가 어떤 스타일로 공부할 때 가장 능률이 높은지를 파악한 이후, 그에 맞추어 자신만의 공부법을 정립하는 것이 좋다. 위에서 예로 들었던 A 학생의 경우 개념 정리를 빠르고 정확하게 도와주는 필기법을 사용해볼 수 있을것이고, B 학생의 경우에는 문제풀이와 개념 정리를 병행하며 비슷한 유형의 문제에 동일하게 적용되는 개념을 잘 정리해 양쪽 모두의 효율을 끌어올릴 수 있을 것이다.

이런 식으로 각자의 공부 스타일에 맞추어, 구체적인 공부법을 스스로 설정해본다면 점차 자신에게 딱 들어맞는 공부법을 찾을 수 있을 것이다.

시간 × 복습 = 합격
복습에 시간을 투자하면, 성적은 배로 오른다

'시간을 들인 공부는 절대 배신하지 않는다!'

시간을 들이고 노력을 투자한 공부는 절대 나를 배신하지 않는다고
확신한다. 내가 투자한 시간만큼 정직하게 돌아오는, 인풋과 아웃풋
이 거의 동일한 분야는 사실 공부밖에 없다고 해도 과언이 아니다.

하지만 시간을 들인다고 해서 무조건 공부와의 싸움에서 승리할 수
있는 것은 아니다. 시간을 가장 필요한 곳에, 효율이 높은 곳에, 슬기
롭고 현명하게 사용해야 한다. 목표 지점까지 한정된 시간 안에 승부
를 봐야 하기 때문이다.

내 공부 시간의 주 사용처는?

따라서 공부 시간의 주 사용처가 어디가 될지 스스로 깊게 생각해봐야 한다. 2장에서도 여러 차례 강조했지만, 딱 하나만 꼽으라면 그것은 '복습'이 되어야 한다. 틀린 것을 다시 보고, 아는 것도 확실히 보는 복습은 한정된 시간 내에 공부 효율을 높이는 데 압도적 역할을 한다.

우리가 공부를 하며 가장 경계해야 할 것이 다름 아닌 '착각'이다. 학원에 가서 강의를 들은 것만으로 열심히 공부했다고 생각하는 착각, 한 번 읽어본 개념, 한 번 풀어본 문제는 다 안다는 착각, 틀린 문제에 대한 오답노트를 작성했으니 이제는 다시 틀리지 않을 거라 굳게 믿는 착각 말이다.

하지만 우리의 뇌는 생각보다 잘 잊는다. 한두 번 익힌 것만으로 공부를 마쳤다고 할 수 없다. 강의를 통해 지식을 얻는 '듣는 공부'는 다시 나의 언어로 쓰고 외우며 머릿속에서 차곡차곡 정리하며 제대로 익혀야 한다.

한 번 읽어본 '개념', 한 번 풀어본 '문제'도 일정한 텀을 두고 두 번, 세 번 다시 읽고 풀며 완벽하게 익혀야 한다. 이미 '오답노트'를 작성했던 틀린 문제도 일정한 텀을 두고 다시 풀어보면 또 틀리는 나를 발견하고 화들짝 놀랄 수 있다. 역시 여러 번 반복해야 하는 이유이다.

복습으로 쌓아 올린 성적은 흔들리지 않는다

생각해보면 나에게 슬럼프가 찾아왔던 시기는 대부분 복습이 부족했을 때였다. 새로운 지식을 머릿속에 급하게 욱여넣느라 복습을 간과했고, 때로는 복습을 반복하는 것이 너무 지루해서 의도적으로 복습량을 줄이기도 했다. 당시에는 무엇이 문제여서 이렇게 힘들어졌는지 답답하기만 했다.

하지만 내가 안다고 생각했던 것이 진짜 아는 것이 아닐 수도 있다는 것을 깨닫고 나서부터, 배웠다고 생각한 것도 시간이 지나며 자연스럽게 머릿속에서 희미해진다는 것을 알고부터, 복습에 시간을 집중적으로 할애하기 시작했다. 내가 불완전한 기억력을 가졌다는 사실을 인정하고, 중요한 내용은 3, 4회독까지 해가며 복습하고, 틀린 문제도 여러 차례 피드백하며 약점을 보완했다.

이러한 시간이 쌓이자 어느 순간 성과가 곱절로 튀어 올랐다. 또 그렇게 단단하게 쌓아 올린 성적은 쉽게 흔들리지 않았다.

이제는 확신할 수 있다. 내가 어떤 부분에 약한지, 어떤 부분을 보충해야 하는지 파악했다면 무조건 복습하고 또 복습해라. 반복하여 익히는 학습에 시간을 투자하면, 이것은 절대 무너지지 않는 실력이 된다.

3장
빼야 할 것, 잡념

흐트러진 마음가짐으로
목표를 이룰 수 없다

최선을 다해 정말 열심히 공부했는데도 성적이 오르지 않으면, 자연스럽게 스스로에 대한 의심과 실망감이 찾아오며 자존감이 땅끝까지 떨어진다. '후, 나는 왜 이러는 걸까?' 이런 생각에 한 번 잠식되기 시작하면, 여기에서 벗어나기가 좀처럼 쉽지 않다.

자기비판과 절망감, 좌절감 등의 감정을 수험생이 절대로 겪으면 안 되는 것은 아니다. 아무리 강철 멘탈이라도 현실적으로 그것은 불가능하다. 하지만 이러한 부정적 감정들에 오랫동안 침잠되어 있는 것은 목표까지 달려가는 데 너무나도 큰 타격을 준다.

나 역시 홀로 공부하며 슬럼프라는 깊은 늪에 빠져 허우적거린 적이 있었지만, 다행스럽게도 현명하게 극복하며 공부 근력을 더욱 단단하게 다질 수 있었다. 100% 직접 경험하고 극복하며 정리한 '슬럼프 유형별 맞춤 처방전'을 이 장에서 공개한다.

성적 관리보다 중요한 멘탈 관리

수능 공부는 '마라톤'에도 비유할 수 있겠다. 속도를 내어 빠르게 달리는 것도 중요하지만, 지치지 않고 꾸준히 달려 목표 지점에 골인하는 것이 더욱 중요하다. 체력적인 의미에서 지치는 것뿐만이 아니라, 정신적인 의미에서 지치는 것까지도 예방해야 하는 이유이다.

수능 공부에 매진하다 보면, 언젠가 한 번쯤은 좌절하게 되는 순간이 온다.

할 수 있는 한 최선을 다해 정말 열심히 공부했는데도 성적이 오르지 않으면, 자연스럽게 스스로에 대한 의심과 실망감이 찾아오며 자존감이 땅끝까지 떨어진다. '후, 나는 왜 이러는 걸까?', '더 노력했어야 하는데…', '나는 실패자인 것 같아' 등의 생각에 한번 잠식되기 시작하면, 여기에서 벗어나기가 좀처럼 쉽지 않다.

마음 공부를 해야 하는 이유

자기비판과 절망감, 좌절감 등의 감정을 수험생이 절대로 겪으면 안 되는 것은 아니다. 아무리 강철 멘탈이라 하더라도 현실적으로 그것은 불가능하다.

하지만 이러한 부정적 감정들에 오랫동안 침잠되어 있는 것은 목표까지 달려가는 데 너무나도 큰 타격을 준다. 스스로에 대한 믿음이 깨져 복구하기 어려운 지경에 이르면, '이렇게 계속 공부하는 게 의미가 있나', '그냥 이쯤에서 그만두고 싶다'는 생각이 도돌이표처럼 반복될 뿐이다.

그래서 내 마음의 문제를 무시하고 '공부만' 하는 것은 절대 좋은 방법이 아니다. 내가 현재 어떤 생각을 하는지, 나 자신에 대해 어떤 감정을 가지고 있는지, 힘들다면 무엇 때문에 힘든지 등 자신의 내면에 대해 진지하게 살펴볼 필요가 있다. 이 과정에서 문제를 발견했다면, 그것을 하나둘씩 반드시 고쳐 나가야 한다.

이런 이유로 수능이라는 긴 레이스를 '마음 공부' 없이 성공적으로 완주하기는 어렵다. 멘탈이 무너지고 정신적인 배터리가 방전되면, 이것이 곧 공부 효율을 급속도로 떨어뜨리기 때문이다. 따라서 수험생이라면 '국·영·수'만 공부할 것이 아니라, 내 마음 공부도 반드시 해야 한다.

생각 회로 바꾸기 연습

수험 기간 동안 스스로 내 마음을 들여다보며, 가장 경계해야 할 1순위가 바로 '타인과의 비교'임을 깨달았다.

우리가 공부를 하며 큰 좌절감을 맛보게 되는 순간은, 나 자신에 대한 실망일 때도 있지만, 그보다 타인과의 비교에서 비롯될 때가 꽤 많다. '친구는 이번 모의고사에서 올 1등급을 받았다던데 나는 성적이 더 떨어졌네', '내가 저 친구보다 더 열심히 한 것 같은데 왜 성적은 더 낮을까?'라고 타인과 자신을 비교하기 시작하면, 그것은 곧 자기에 대한 무능감과 회의감으로 이어지기 쉽다.

인간은 사회적 동물이기 때문에, 자신과 타인을 비교할 수밖에 없는 상황에 놓이는 것은 어찌 보면 당연할지도 모른다. 자신이 상대보다 더 우월하다고 느끼면 긍정적인 감정이 찾아오고, 자신이 상대적으로 부족하다 느끼면 부정적인 감정이 찾아온다. 여기서 전자의 경우에는 그저 '기분이 좋다' 정도의 생각에서 끝나는 반면, 후자의 경우에는 단순히 '기분이 좋지 않네' 하고 넘어가는 것이 아니라 자기비판으로 이어지는 경우가 많다.

그렇다면 이를 방지하려면, 구체적으로 어떻게 해야 할까? 타인과 나를 비교하는 습관을 아예 없애는 것이 불가능하다면 '비교'의 부정적 영향을 최소화하면 된다.

이를 위해 위와 같은 생각의 회로를 끊어내고, 생각의 방향을 바꿔야 한다. '타인의 성과를 본다 → 타인과 나를 비교한다 → 나의 부족함을 비난한다'의 순서로 이어졌던 생각의 회로를 '타인의 성과를 본다 → 타인과 나를 비교한다 → 그렇다면 나는 무엇을 개선해야 할까?'로 바꿔주는 것이다. 현재의 자신에 대한 무조건적인 비난이 아니라, 미래의 자신을 위한 건강한 발전 방향을 탐구해볼 수 있도록 하는 것이다.

사실 한끗 차이다! 하지만 이로 인해 타인과의 비교가 마냥 부정적인 것이 아니라, 스스로를 개선하고 발전시키는 긍정적인 방향으로 완전히 분위기를 바꿀 수 있다.

멀리 내다보는 연습

앞서 말했듯 수능 시험은 정말 긴 시간을 투자하는 마라톤과도 같은 장기적인 레이스이다. 그렇기에 바로 앞의 문제에 매몰되기보다 멀리 내다보는 관점을 가지는 것이 매우 중요하다.

당장 오늘 문제를 많이 틀렸다고, 모의고사 성적이 떨어졌다고, 세상이 끝난 것처럼 절망에 빠져 있는 것은 나에게 전혀 도움이 되지 않는다. '단기적인' 실패가 있더라도 '장기적인' 성공을 위해, 지금의 실패에 점철되는 것이 아니라 이 실패를 앞으로의 성공으로 바꿀 방법을 탐구해야 하는 것이다.

지금은 스스로가 부족하고 바보 같다고 느껴질지 몰라도, 시간이 지나면 얼마든지 발전할 수 있다는 생각을 가지고 꿋꿋하게 나아가야 한다. 지금 내가 왜 실패했는지, 어떻게 하면 다음엔 성공할 수 있을지, 성공을 위해서는 당장 무엇을 바꿔야 할지에 대해 끊임없이 고민하라.

지금 높은 성적을 받고 있는 수험생도 긴 시간이 지난 후의 결과는 장담할 수 없다. 상황은 얼마든지 바뀔 수 있다. 장기 레이스에서 최후의 승자가 되기 위해, 오늘의 문제에 갇히지 말고 멀리 내다보는 연습을 하자.

슬럼프 유형별 맞춤 처방전

모든 수험생들의 곁에 조용히 도사리고 있다가 멘탈이 약해지는 틈을 타 예고도 없이 불쑥 찾아오는 무서운 녀석, 바로 '슬럼프'이다. 누구나 한 번쯤은 공부하면서 슬럼프가 찾아온 경험이 있을 것이다. 평소 잘하던 과목마저 집중이 잘 안 되고, 성적은 계속 떨어질 것만 같아 불안하고, 공부할 의욕과 의지도 뚝뚝 떨어지게 만드는 불청객 말이다.

다행인지, 불행인지 사교육의 도움 없이 오롯이 혼자 공부하면서 온갖 종류의 슬럼프를 온몸으로 겪어봤고, 시행착오를 거쳐가며 그것을 현명하게 뚫어낸 경험이 나에겐 있다. 공부에 있어 너무도 치명적인 이 슬럼프라는 녀석을 어떻게 하면 슬기롭게 물리칠 수 있을지, 100% 경험에 비추어 슬럼프의 유형별 극복법을 정리했다. 이를 참고하면 슬럼프라는 깊은 늪에 빠지지 않고, 목표를 향해 달려갈 수 있을 것이다.

'현실도피형' 슬럼프 극복법

"공부를 하는 게 무슨 의미가 있나 싶고… 그냥 다 던져
버리고 쉬고 싶어요."

첫 번째 슬럼프 유형은 현실도피형이다. 수험생들에게 가장 흔하게 찾아오는 유형이다. 이 유형은 모의고사나 큰 시험을 보고 성적이 떨어졌을 때 찾아오는 경우가 많다. 열심히 공부했는데 성적이 오르지 않으면, 당연히 기운이 꺾

여 좌절감이 들고 지금까지 투자한 공부 시간에 대한 회의감이 들게 마련이다. 더구나 앞으로의 공부에 대한 확신이 없어지기 때문에, 자연스럽게 공부를 멈추고 온종일 잠만 자거나, 휴대폰만 하거나, 게임만 하는 등 현실에서 도피해버리고 싶은 욕구에 빠져들게 된다.

나 역시 이 유형의 슬럼프를 심하게 겪었던 시기가 있었다. 바로 두 번째 수능을 대비하던 해의 6월 모의고사 이후였다. 정말 열심히 공부해서 가장 중요한 모의고사 중 하나로 꼽히는 6월 모의고사를 치렀는데 이게 웬걸, 지난 모의고사보다 성적이 훅 떨어진 거다.

상승 곡선을 그려도 부족할 판에 하락이라니! 잠도 줄여가며 열심히 공부했는데, 이 결과를 인정할 수 없었다. 너무도 큰 좌절감에 빠진 나는, 다음 날부터 공부에 대한 엄청난 회의가 들어 공부에서 도피하게 되었다.

나의 경우에는 그 도피 수단이 소설책이었다. 공부하러 독서실에 가놓고 정작 문제집은 펴지도 않은 채, 평소에 읽고 싶었던 장르 소설책을 4~5일 동안 주야장천 읽었다. 원래 이 시기에는 공부만 아니면 다 재밌는 거, 모두가 알지 않

는가? 그때는 정말 어떤 자극적인 미디어보다 소설책이 재

밌게 느껴졌다.

하지만 그 재미가 정말 순수한 재미가 아닌 것, 모두가 알

고 있을 것이다. 소설책이 재미있긴 하지만, 지금 당장 책을

펴고 공부하지 않으면 다음 모의고사 성적은 더 떨어질지도

모른다는 불안감이 은근하게 기저에 깔려 있었기에, 아무리

재미있는 책을 읽고 나서도 마냥 즐겁지가 않았다.

많은 수험생들이 어쩌면 나와 비슷한 경험을 최소한 한

번쯤은 해보지 않았을까? 나의 경우는 소설이었지만, 그것

이 운동이 될 수도 있고, 게임이 될 수도 있고, 유튜브가 될

수도 있다. 현실을 도피하는 동안에는 잠시 쾌락이 찾아오

고 즐겁지만, 그것이 지나가고 나면 더 큰 회의감이 밀려들

고 공부에 대한 의욕은 더 떨어진다.

그렇다면 이 유형의 슬럼프는 어떻게 극복하면 좋을까?

| 딱 1시간만 해보자 |

현실도피형 슬럼프의 경우 의욕이 바닥까지 떨어져 공부

로부터 완전히 멀어진 상태이기에, 어떻게든 책상 앞에 앉

게 해 공부를 시작하게 만드는 것이 핵심이다. 이를 위해서는, 아주 짧은 단위로 공부 시간을 나누어 그 시간만은 집중하려 노력해보는 것이 가장 효과적이다.

'현실 도피를 완전히 멈추고, 이제부터는 매일 공부에만 집중한다!'라는 엄청난 각오를 하고 공부를 시작하려고 하면, 상대적으로 너무 큰 목표이기 때문에 부담이 크다. 이보다는 아주 작은 목표를 정하고 '너무 너무 하기 싫지만, 딱 1시간만 해보자'라는 생각으로 일단 공부를 시작하는 거다.

타이머 알람을 1시간 후로 맞춰두고, 알람이 울리기 전까지만 집중해보자. 생각보다 1시간은 금방 간다. '어, 1시간 정도는 해볼 만하네? 조금만 더 해볼까?' 하고 나도 모르는 사이에 공부 의욕이 솟아나 있을 것이다.

| 딱 3문제만 풀어보자 |

현실에서 도피하고 싶은 마음이 너무 크다면 1시간 공부하는 것도 힘들게 느껴질 수 있다. 그때는 목표를 더 작게 나누어야 한다.

더도 말고, 덜도 말고 자신이 가장 좋아하는 과목의 문제를 '딱 3개'만 풀어보는 거다. 이건 정말 쉽지 않은가? 아무런 의욕이 없더라도 일단 책상에 앉아 3문제를 풀다 보면, 자연스럽게 공부 의욕이 고개를 들기 시작한다.

이 극복법은 내가 애용했던 방법이다. 나는 수능 과목 중 사탐, 특히 생활과 윤리를 가장 좋아했기 때문에 공부가 너무 하기 싫을 때, 그만두고 쉬고 싶을 때는 생활과 윤리 문제 3개 풀기를 시작으로 공부의 포문을 열었다.

그러다 보면 '아, 이거 껌이네, 흥! 시작한 김에 좀 더 풀어주겠어' 이런 마인드셋이 가능해진다. 정말 작은 목표를 설정했기에 성공할 수 있겠다는 자신감이 생겨 거부감 없이 도전하게 되고, 작은 목표의 성취는 곧 큰 목표의 설정으로 이어진다. 3문제 극복법! 지금 슬럼프를 겪고 있다면, 바로 도전해보자.

'합리화형' 슬럼프 극복법

"이 정도 했으면 열심히 한 거 아닌가요? 책상 앞에 10

시간 앉아 있었으면, 10시간 공부한 거잖아요!"

모든 것을 합리화하는 유형이다. 공부를 하긴 한다. 하지만 공부를 '진짜로' 하는 건 아니다. 책상 앞에 앉아 있긴 하지만, 공부하는 시간보다 딴짓하는 시간이 더 많다. 그래놓고 나름 열심히 공부했다고 착각한다. 쉴 때도 '이 정도 공부했으면 이 정도는 쉬어야지' 하며 스스로를 합리화한다. 한 마디, 한 마디 자신의 얘기인 것 같아 찔렸다면, 지금 당신은 합리화형 슬럼프를 겪고 있는 것이다.

나도 이랬던 적이 있었기에, 이 슬럼프가 찾아올 때의 마음을 백 번 이해한다. 이 유형은 자신이 현재 슬럼프를 겪고 있는지도 잘 모른다. 책을 보고는 있지만 집중력이 현저히 떨어지고, 공부 의욕도 점점 사라져 실제 공부 시간 역시 충분하지 않다. 그러니 성적이 오르기는커녕 떨어지는 것이 당연한데, 또 이런 결과를 받아들이지는 못한다.

어찌 보면 이 유형이 현실도피형보다 더 위험하다고 볼 수 있다. 현실도피형은 자신이 지금 공부를 하지 않고 있다는 자각과 은근한 죄책감이라도 가지고 있지만, 합리화형은 그것조차 없기에 자신의 문제를 스스로 알기 어렵다. 이러한 유형의 슬럼프를 극복하려면 어떠한 특단의 조치가 필요할까?

| 공부 '시간'보다 '양'으로 말하라 |

자신의 공부가 부족했다는 것을 깨닫는 데에 직방인 방법이다. 어쩌면 가장 잔인한 방법인지도 모른다.

책상 앞에 10시간 앉아 있었다고 10시간 공부한 게 아니라는 거, 이제는 깨달아야 한다. 합리화 없이 자신의 공부량을 정확하게 파악하려면, 공부한 '시간'이 아니라 공부한 '양'으로 자신의 학습 정도를 측정해야 한다.

예를 들어 '국어 3시간'이 아닌, '수능특강 국어 25~50페이지'가 자신의 공부량이 된다. 이렇게 양적 개념으로 공부량을 측정하다 보면 '내가 생각보다 공부를 정말 안 했구나'라는 걸 깨닫기 훨씬 쉽다. 스스로 민망하기도 하고, 그동안 합리화했던 자신이 한심하게 느껴지기도 할 것이다.

하지만 분명히 필요한 단계이다. 이 과정을 통해 객관적인 현재 자신의 학습량을 파악했다면, 이제는 그것을 서서히 늘려 나가면 된다. 공부량을 늘려가며 플래너에 그것을 정확히 기록하는 습관을 들인다면, 공부량과 성적이 함께 동반 상승할 것이다.

| 실패 이유를 적어라 |

이 방법 역시 나의 문제점을 인지하게 해준다. 수험생이 라면 보통 공부 계획을 세우기 마련이다. '오늘은 국어를 이만큼 공부하고, 밥 먹고, 수학 이만큼 공부하고, 자야지!' 하는 정도의 간단한 계획이라도 말이다.

하지만 스스로가 세워놓은 계획을 실천하지 못하는 경우가 생각보다 많다. 합리화형 슬럼프의 경우, 이 계획을 달성하지 못하고 실패했을 때 하나하나 핑계를 대며 공부하지 못한 것을 어떻게든 합리화한다. '오늘은 학교 숙제가 너무 많았고', '오늘은 친구 생일이었고', '오늘은 컨디션이 좀 안좋았고' 등등 어떻게든 이유를 대가며 '뭐, 내일 이만큼 더 하면 되지!'라는 생각으로 넘겨버리는 것이다.

하지만 정말 내일 그만큼 더 하게 되던가? '어제 못 한 만큼 오늘 더 열심히 해야지!'라는 생각만 하고 평소와 똑같은

만큼만 공부하지 않았던가? 뼈 아픈 '팩트 폭력'이겠지만 문제를 자각해야 한다.

이제 핑계 대는 습관은 내 사전에는 없어야 한다. 만약 내가 세운 공부 계획을 실천하지 못했다면, 스터디 플래너나 다이어리, 하다못해 필기노트에라도 그 실패 이유를 적어라. 그리고 그것이 정말로 어쩔 수 없는, 불가항력적인 이유가 아니고 단순한 핑계였음을 자각하라.

스스로 이 합리화의 과정을 자각하게 되는 것만으로도 굉장히 큰 의미가 있다. '생각보다 구차한 핑계였구나'라는 것을 자각하고 '다음부터 이런 핑계 따위 대지 말아야지'라는 다짐으로 이어진다면, 자연스레 합리화가 줄어들 것이다.

'불안형' 슬럼프 극복법

"매일매일 공부를 하고는 있지만 내가 잘하고 있는 건지 모르겠고, 남들보다 못하는 것 같고, 성적이 잘 나올 것이라는 믿음도 없어요."

잡념

공부에 대한 의지는 있지만 자신의 공부법에 대한 확신이 없고, 자신감과 자존감이 떨어지는 시기에 찾아오는 슬럼프 유형이다. 이렇게 지속된 불안감을 가진 채 수험생활을 하다 보면, 잡념 없이 공부에 온전히 집중하지 못하니 당연히 공부 효율이 떨어지게 된다.

수능 공부를 시작하고 서너 달밖에 되지 않았던, 햇병아리 수험생 시절에 내가 겪었던 슬럼프 유형이기도 하다. 매일매일 독서실에 가서 열몇 시간씩 공부를 하고는 있지만, 내가 맞는 길을 가고 있는 건지, 옳은 방법으로 공부하고 있는 건지에 대한 확신이 없어 스스로에 대한 불안감이 마음속에서 계속 피어올랐다.

불안감이 생기니 공부를 하면서도 스스로를 자꾸 의심하게 되고, 머릿속에 잡념이 가득해지니 이전과 같은 시간을 공부해도 절반 정도의 양밖에 소화하지 못하게 되었다. 그러니 자연스럽게 성적은 떨어지게 되고, 떨어진 성적을 본 후에는 좌절감에 빠져 더욱 강한 불안함이 생기는 악순환이 반복되는 것이다.

이러한 불안이 반복되는 악순환의 고리를 끊어내기 위해

218

서는, 다음의 세 단계를 거쳐야 한다. 세 단계라니, 너무 많은 거 아니냐고? 생각보다 훨씬 간단하다.

| 불안의 '대상'을 명확히 인지하라 |

첫 번째 단계는, 자신이 정확히 어떤 것에 불안감을 느끼는지 파악하는 단계이다.

수험생활 도중 불안함을 느끼는 이유는 굉장히 다양하다. 성적이 오르지 않아서일 수도 있고, 자신의 공부 방식에 대한 확신이 없어서일 수도 있다. 현재의 공부 환경이 맞지 않아서일 수도 있다. 이렇듯 명확하고 구체적으로 불안의 대상을 인지하는 것이 불안형 슬럼프 극복의 첫 단계이다.

| 불안의 '단어'를 머릿속에서 지워라 |

자신이 어떤 것에 불안감을 느끼는지 파악했다면, 이제는 머릿속을 헤집으며 집중을 방해하는 잡념들을 하나하나 끄집어내어 글로 정리해볼 차례다.

정말 아무 말이나 적어도 된다. '친구보다 너무 못하는 것 같아', '공부 그만하고 떡볶이나 먹고 싶다', '성적 떨어지면

잡념

엄마한테 뭐라고 하지' 등등…. 꼭 멋들어지게 정리된 언어가 아니어도 된다. 자신이 평소 불안감을 느낄 때 머릿속에 둥둥 떠다니는 단어들을 글로 적어보는 거다.

그러면 내가 평소에 느꼈던 불안감의 원천이, 생각보다 별거 아닌 잡념에서 비롯된 것이라는 사실이 한눈에 보일 거다. 그걸 깨달았다면 종이에 적은 부정적 생각들을 마커 펜으로 하나하나 지워가며, 내 머릿속에서도 지우는 활동을 진행해보자.

이게 효과가 있을까 싶지만, 직접 내가 해본 결과 진짜로 도움이 되었다! 펜으로 글자들을 지워가며 '이제는 이런 생각은 안 하는 거다'라고 의식적으로 생각하면, 실제로 이전보다 잡념들이 훨씬 덜 생겨날 것이다.

| 매일 '긍정의 확언' 하기 |

말 그대로, 긍정의 언어를 매일매일 낭독하며 스스로에 대한 불안감을 없애고 자신감을 되찾는 방법이다. 불안감이 느껴지는 가장 큰 이유는, 자신감의 부족인 경우가 많다. 스스로에 대한 자신이 없기에 어떤 방식으로, 얼마만큼 공부

를 해도 여전히 불안한 것이다. 그래서 자신의 미래 모습에 대해 긍정적으로 확언해보는 활동은 불안감을 없애는 데 엄청난 도움이 된다.

'나는 다음 모의고사에서 성적이 올라, 부모님과 함께 웃으며 맛있는 저녁 식사를 한다.'
'나는 지금 너무나도 잘하고 있고, 스스로 열심히 노력하고 있다. 그 결과가 반드시 찾아온다.'

이렇게 말이다.

자신의 현재의 모습을 칭찬하고, 미래 모습에 대한 긍정의 언어를 작성해 플래너나 메모지 등에 써서 매일 소리 내어 읽는 것이다. 조금 오글거리고 때로 귀찮을지 몰라도, 이것을 매일매일 반복하다 보면 나의 생각 회로 역시 저절로 이러한 긍정적 흐름을 타게 된다.

우리의 뇌는 생각보다 단순해서 말하는 대로 진짜로 된다! 이것은 실제로 여러 가지 과학적인 연구를 통해서도 증명된 바 있다. 나 역시 이 방법을 사용해 불안감에서 벗어나 다시 공부의 길에 오를 수 있었다. 자신이 불안의 늪에 깊이 빠져 있다면, 지금 당장 이 방법을 따라해보자.

최적의 '환경' 위한 방해물 제거하기

아무리 공부하려는 의지가 강하더라도 주변에 방해물들이 많다면 무너지기 쉽다. 자신의 의지로 해결할 수 없는 요소들은 어쩔 수 없이 안고 가야 하겠지만, 배제할 수 있다면 최대한 방해물들을 없애는 게 좋다. 공부를 시작하기 전, 나 자신이 눈 돌릴 곳이 아예 없게 만드는 것이 방해물 제거의 핵심이다.

그렇다면 이러한 방해물에는 무엇이 있을까.

설명이 필요한가? 스마트폰은 말 그대로 공부하는 데 있어 가장 큰 방해물이다. 공부하기로 마음먹고 독서실이나 스터디 카페에 가서 결국 스마트폰만 몇 시간 하고 나온 경험, 누구라도 있을 것이다.

손 닿는 곳에 있는 스마트폰을 잡고 친구랑 카톡 좀 하다가, 다른 친구들은 뭐하려나 궁금해서 인스타그램 스토리도 넘겨 보다가, 유튜브로 넘어가 좋아하는 아이돌 영상 몇 개 보다가 '이제 공부해야지!' 하고 폰을 내려놓는다. 그러다 몇 분 후, 또 다시 스마트폰을 집어 들고 같은 행동을 반복한다.

여기에 CCTV 달아놓은 거 아니냐고? 내가 그래 본 적이 있기에 잘 안다. 수험생 시절에는 스마트폰을 갖고 있지 않았지만, 대학생이 되고 나서 시험 공부를 하며 경험해봤기에 이 고충을 백 번 이해한다.

실시간 소통이 가능하고, 인터넷 접속이 가능하고, 각종 콘텐츠 시청이 가능하며, 항상 소지하고 다닐 수 있는 스마트폰. 나는 이러한 스마트폰을 공부할 때만큼은 치워두라고 말하고 싶다. 아니, 사실 없애야 한다고 생각한다!

　나는 대입을 준비하는 기간에 스마트폰 대신 구형 폴더폰을 사용했다. 당시에도 실감했지만, 다시금 생각해도 스마트폰이 없었던 것은 내 성적을 올려주는 데 무지막지하게 큰 역할을 했음이 분명하다.

　과연 수능을 준비하는 나에게 스마트폰이 있었다면? 매일 독서실에 스마트폰을 들고 다녔다면? 문제집 옆에 스마트폰을 놔두고 공부했다면? '연세대 합격'이라는 성과는커녕 대입 자체에 실패했을지도 모른다. 너무 강하게 말하는 게 아니냐고? 절대 아니다. 그만큼 스마트폰은 공부에 너무나도 치명적인 존재이다.

　스마트폰을 없애기 어렵다면, 적어도 공부할 때만큼은 다른 공간에 놓아두라고 말하고 싶다. 가장 좋은 방법은 스마트폰을 아예 집에 두고 다니는 것이다. 독서실이나 스터디 카페에서 공부한다면, 굳이 스마트폰을 들고 다닐 필요가 없다. 나 역시 집 근처 독서실에 갈 때는 폴더폰조차 집에 두고 다녔다. 만약 집에서 공부하는 것을 선호하는 편이라면, 스마트폰을 다른 방이나 다른 공간에 두어라. 눈에 보이지 않게 하는 것은 물론이고, 아예 스마트폰이 내 곁에 없게 만들어야 한다.

이렇게 하면, 초반에는 굉장히 불편하고 당장이라도 스마트폰을 가져오고 싶은 마음이 굴뚝같을 것이다. 하지만 딱 일주일만 해보면, 내 곁에 스마트폰이 없는 것이 서서히 적응되면서 그 장점을 몸으로 느끼게 될 것이다. 스마트폰을 없애고 난 후의 장점을 구체적으로 읊어보겠다.

첫째, 지루하거나 공부하기 싫은 마음이 들어도 공부를 멈추고 할 만한 다른 뾰족한 대안이 없으니, 울며 겨자 먹기라도 공부를 지속하게 된다. '에휴, 공부가 너무 지루하지만 뭐 딱히 다른 할 일도 없으니 그냥 공부나 해버리자'의 마인드셋이 가능해지는 거다. 스마트폰이 없다고 저절로 공부가 하고 싶어지는 것은 아니지만, 유혹을 치워버리는 것만으로 굉장한 도움이 된다.

둘째, 내가 누군가와 실시간으로 소통할 수 있다는 옵션이 없어지니 누군가의 연락을 기다리지 않게 된다. 스마트폰이 옆에 있거나 주머니, 가방에 있으면 '누군가에게서 연락 오지 않았을까?', '누군가가 인스타그램에 재밌는 걸 올리지 않았을까?' 하면서 자꾸 확인해보고 싶은 마음이 생긴다. 그걸 억누르고 공부하는 건 생각보다 굉장히 어렵다. 하지만 스마트폰이 아예 다른 공간에 있다면, 어차피 확인할 수 없으므로 실시간 소통에 대한 미련을 버리게 된다. 수시로 신경을 쏟을 곳이 사라지고, 그만큼 공부에 집중할 시간을 확보하게 된다.

스마트폰을 두고 다니기 어려운 사정이 있다면, 소지하되 잠금 앱을 깔아두면 좋다. 공부할 때는 철저하게 스마트폰을 잠가버리거나 서랍, 가방 속 등 내 눈에 직접 보이지 않는 곳에 집어넣어 최대한 유혹을 차단하는 것이 좋다.

하지만 절대 스마트폰이 ① 켜진 채로 ② 와이파이나 데이터가 연결된 채로 ③ 내 눈에 보이는 곳에 있으면 안 된다. 이 세 가지가 충족되는 것이야말로 공부를 그만하겠다는 선언이자 공부를 멈추게 되는 지름길이다.

스마트폰의 영향력은 생각보다 정말 크다. 눈으로 보지 않고 있을 때도 끊임없이 유혹하고, 곁에 있지 않을 때도 의지하게 만든다. 자신이 이루고 싶은 목표가 있다면, 올리고 싶은 성적이 있다면, 해내고 싶은 무언가가 있다면, 스마트폰과는 잠시 작별을 고할 때다.

침대를 멀리 하고, 잠을 조절하는 법

서면 앉고 싶고, 앉으면 눕고 싶고, 누우면 자고 싶다는 말, 다들 들어본 적 있을 것이다. 눕고 싶은 욕구는 인간의 당연한 본능이기 때문에, 의지가 아무리 강해도 곁에 침대가 있으면 잠깐만 누워서 쉬고 싶다는 생각이 저절로 들게된다.

그래서 공부할 때는 옆에 침대가 없는 장소를 선택하는 것이 좋다. 독서실, 스터디 카페 등 공부를 목적으로 한 장소에서 공부하는 것이 가장 좋지만, 상황이 여의치 않아 집에서 공부해야 한다면 최대한 침대에서 멀리 떨어진 장소를 공부 공간으로 설정해야 한다.

나 역시 집에서 공부할 때는 침대가 있는 방에서 나와, 거실 한편에 책상을 두고 그곳을 나의 공부 공간으로 지정했다. 적당한 백색소음과 생활소음이 있어 오히려 공부가 더

228

잘 되고, 나를 유혹하는 침대가 없으니 자연스레 공부에만 집중하게 된다. 중요한 것은 '공부를 잠시 멈추고 쉬고 싶다'라는 생각을 최소화하는 것이다.

만약 가족들의 주된 생활 패턴과 공간 사용 여부 때문에 거실에서 공부하기가 힘든 경우라면, 방에서 공부하더라도 침대에서 등을 돌리는 구조로 책상 배치를 바꿔라. 시각적으로 침대가 보이지 않으면, 상대적으로 유혹이 덜하다.

이렇게 침대는 물리적으로 멀리하면 되지만, 떼어놓으려 하면 할수록 더욱 끈질기게 나를 따라다니며 공부를 방해하는 녀석이 있다. 바로 '잠'이다. 인간의 3대 욕구 중 하나인 수면욕을 자제하고 조절하는 것은 수험생에게 너무 크고 어려운 숙제이다.

많은 학생들이 수면 시간을 줄이려고 시도한다. 잠을 조금이라도 덜 잠으로써 공부 시간을 1분이라도 늘리고 싶어 한다. 나 역시 잠이 정말 많았던 터라 무작정 수면 시간을 줄이라고 말하고 싶지는 않다. 수면 욕구가 해소되지 못하면, 장기적으로 공부 효율이 떨어지게 된다. 자꾸만 졸음이 오고, 집중도 안 되는데 공부가 될 리 만무하다.

잡념

하지만 잠을 줄이는 효과적인 방법이 있다. 잠을 한 번에 확 줄이는 것이 아니라 '서서히' 줄이는 것이다. 원래 8시간 자던 사람이, 5시간만 자고 공부하려고 하면 몸이 강렬한 거부 반응을 보일 것이다. 하지만 8시간에서 7시간 40분으로 줄이려고 시도해본다면 그것은 자연스럽게 받아들일 가능성이 크다. 그리고 아주 느린 속도로 7시간 20분, 7시간… 이렇게 잠을 줄이는 연습을 해보자. 결국 평소의 수면 시간보다 2시간가량 덜 자도, 몸이 그에 맞춰 적응하게 될 것이다.

사실 내가 직접 해보고 매우 효과를 본 방법이다. 엄마가 "하은아, 너는 어떻게 그렇게 자도 자도 계속 졸릴 수가 있어?"라고 물어볼 정도로 잠이 많았지만, 공부 시간을 확보하기 위해 9시간에서 8시간, 다시 7시간으로 아주 서서히 수면 시간을 줄여나갔고, 본격적으로 수능을 준비하는 시기에는 하루에 6시간만 자면서 공부했다.

잠을 줄이는 과정이 고통스럽고, 실천하기 어려울 수 있다. 하지만 아무리 잠이 쏟아지더라도 "일단 의자에 앉아보라!"는 조언을 하고 싶다. 평소에 12시에 자서 7시에 일어나는 것이 습관이라면, 일단 6시 30분에 알람을 맞춰 놓아라. 알람이 울리면, 평소의 수면 시간보다 조금 덜 잤기 때문에 여전히 졸릴 거다. 아무리 졸리더라도 일단 일어나서 자리에 앉아라. 공부하지 않아도 된다. 그냥 일어나서 책상 앞에 '앉는다'는 행위 자체만으로 의미가 있는 거다.

그렇게 10~20분간 멍하게 있다 보면 피곤함은 남아 있을지언정 잠은 서서히 깨게 된다. 이때 바로 차가운 물로 세수를 해라(샤워를 하면 더 좋다!). 그러면 잠이 어느덧 달아나 있을 것이다. 그때부터 아침 공부를 바로 시작하면 된다.

잡념 없는 '몰입'의 즐거움

잡념을 덜어내고 방해물을 걷어내면, 몰입하기 좋은 최적의 환경이 조성된다. '몰입'이라는 말은 많이 들어봤겠지만, 이 단어의 진정한 뜻을 알고 있는 사람은 의외로 드물 것이다.

[몰입(沒入, flow) : 주위의 모든 잡념, 방해물들을 차단하고 원하는 어느 한 곳에 자신의 모든 정신을 집중하는 일]

몰입의 정의를 보면 알겠지만, 인간이 몰입 상태에 들어가게 되면 그 몰입의 대상에 정신적, 신체적 에너지가 쏠리며 완전히 그것을 즐기게 된다. 나는 이 몰입을 경험하는 것이 인생에 있어 반드시 필요하고, 굉장히 큰 도움을 준다고 생각한다. 그것이 일이 되었든, 공부가 되었든, 사회생활이 되었든 말이다.

깊은 몰입의 조건

어느 한 대상에 온전히 몰입하게 되면 그것은 자연스럽게 즐거움과 행복을 가져오고, 이런 몰입의 경험이 쌓이면 그것이 나의 사회적, 지식적 데이터로도 전환이 된다. 몰입의 경험이 축적되다 보면 어떻게 하면 내가 빠르고 깊게 몰입할 수 있는지, 나에게 맞는 몰입법도 찾을 수 있게 된다.

우리 주변에는 몰입을 막는 수많은 방해물들이 존재한다. 앞에서 언급했던 스마트폰이 대표적인데, 이런 미디어에 집중하는 것도 어찌 보면 '몰입'이라고 할 수 있을 것이다.

하지만 이는 스스로 의지를 가지고 대상에 깊숙이 빠지는 '능동적 몰입'이 아니라 현란한 영상과 자극적 언어로 인해 시선과 정신을 빼앗기는 '수동적 몰입'에 해당한다. 자극적이고 쾌락적인 콘텐츠에 몰입하는 것은 더욱 큰 자극을 원하게 만들고, 내 사회적·학문적 능력 함양에도 딱히 도움을 주지 않는다.

그래서 이러한 방해물들을 없애고, 진정한 몰입의 경험을 해보라고 권하고 싶다. 그 몰입의 대상은 꼭 공부만이 아니다. 독서가 될 수도 있고, 춤, 노래, 그림 등 취미 활동이 될 수도 있고, 전시회, 음악회, 뮤지컬 등의 문화·예술 활동이 될 수도 있다.

개인적으로 나는 이러한 몰입의 경험을 꽤 많이, 꽤 깊게 해본 편이라고 생각한다.

어릴 때부터 TV나 미디어에 거의 노출되지 않았고, 초등 시절부터 심지어 대학교 1학년 초반까지 스마트폰이 아니라 전화, 문자만 되는 폴더폰을 사용했다. 실시간으로 울리는 SNS 알람, 쾌락적이고 자극적인 게임들, 수도 없이 쏟아지는 인터넷 이슈들로 인해 나의 온전한 시간을 방해받을

일이 없다 보니, 공부든 취미든 자연스럽게 깊은 몰입을 할
수 있었던 것 같다.

몰입하면 잘될 수밖에 없다

몰입의 가장 큰 장점은 바로 즉각적인 즐거움과 행복감
을 누릴 수 있다는 거다. 사회적·학문적 효과뿐만 아니라 내
가 바로 행복해질 수 있다는 것만으로 '몰입' 자체를 즐길 충
분한 이유가 된다.

몰입의 활동 중에서도 내가 가장 좋아하는 건 역시 독서
이다. 미디어의 방해 없이 안락의자에 앉아 좋아하는 책을
읽는 동안만큼은 정말이지 그 책 속으로 빨려 들어가는 듯
한 느낌을 받는다. 사실 몰입이 찾아오기 전까지는 이야기
를 끝까지 파악하려는 의무감으로 책을 읽기 시작하는 경우
도 있지만, 몰입의 순간이 찾아오면 내가 책 내용 속으로 물
흐르듯 빠져들어 활자 사이사이를 마음껏 헤엄치며 즐기게
된다.

소설을 읽을 때는 마치 내가 주인공이 된 것처럼, 에세이를 볼 때는 작가의 일상으로 깊숙이 이입하여 '내가 이 상황이었으면 어떻게 했을까?', '어우, 여기서는 너무 화나겠는데?' 하며 그 상황과 감정에 깊이 공감하게 된다.

독서의 과정 중 이렇게 깊은 몰입이 찾아오면, 빠른 속도로 책의 줄거리를 이해할 수 있음은 물론이고, 그 상황 속에 얽힌 인간관계나 문제를 저절로 파악하게 되어 사회적 촉이 자라고 문제 해결 능력도 생기게 된다. 시험 문제를 풀 때 역시 핵심을 파악해 답을 고르는 능력 또한 어릴 적부터 문학·비문학 가리지 않고 깊이 몰입하여 독서한 덕분이라고 생각한다.

춤 역시, 내가 매우 좋아하는 몰입의 활동이다. 춤은 사실 몰입의 순간이 찾아오지 않으면, 퀄리티를 올리기가 굉장히 어려운 활동이다. 동작과 표정을 완벽하게 암기하고 그것을 기계적으로 출력한다면, 안무가 맞아 보이고 깔끔해 보일지는 몰라도 보는 사람 입장에서 큰 감동이나 영감은 받기 어렵다. 하지만 춤을 추며 진정으로 몰입하여 그런 동작과 표정 역시 춤에 자연스럽게 녹여낸다면, 보는 사람 역시 즐거움과 감동을 저절로 느끼게 된다.

나는 춤을 출 때마다 '어떻게 하면 내가 멋있어 보일지'도 중요하게 생각하지만, '어떻게 하면 이 춤을 추면서 내가 즐거움을 느낄지'도 굉장히 중요하게 생각하며 몸을 움직인다. 기계적인 안무의 반복보다는 내 감과 촉대로 춤을 췄을 때, 나도 행복하고 보는 사람도 행복하게 만들어줄 수 있다는 생각 때문이다.

나는 책과 춤이라는 두 가지를 예로 들어 이야기했지만, 어떤 일을 하든 이러한 몰입의 순간을 경험한 것이 정말 큰 도움이 된다. 어떤 분야에서 몰입해본 경험이 있는 사람은 그 즐거움과 기쁨을 알고, 또 다른 분야에도 깊게 몰입할 수 있는 에너지를 갖고 있기 때문이다.

인생 속에서 수많은 몰입의 기쁨을 경험하며, 특히 꿈을 이루는 데 그 몰입의 에너지를 쓸 수 있다면, 누구든 좋은 결과를 낼 수 있을 것이다. 몰입의 대상에 온전히 내 정신을 포커싱할 수 있도록 주변 환경을 잘 컨트롤하고, 내 시간과 공간을 내가 온전히 주도한다는 느낌을 받는다면, 공부를 포함하여 어떤 일을 하든 단연코 잘될 수밖에 없다.

흔들릴 때마다 용기가 되었던 명언

공부하기 싫어지는 때는 불현듯 찾아온다. 이때 내 상황과 직결되고, 나의 목표와 연관된 명언은 생각보다 큰 동기부여가 되어준다. 나에게 가장 큰 영향을 주었던 명언을 내뱉은 주인공은 누구였을까. 명언으로 유명하다는 마틴 루터 킹? 에이브러햄 링컨? 아니다. 믿기지 않을 수도 있겠지만, 우리 엄마다! 엄마가 툭툭 내뱉는 말이 나에겐 명언이었고, 나를 자극시켜줬고, 지금의 나로 만들어줬다.

주옥같은 우리 엄마의 명언, 들어보지 않겠는가?

"수작 부리지 말고 할 일 해!"

와우! 첫 명언부터 아주 강렬하지 않은가? 지금 위 문장을 읽자마자 뼈 맞은 이들이 꽤 있을 것이다.

이 강력한 명언은 그 중요하다는 6월 모의고사 직전, 공부하기 싫다고 130데시벨의 서라운드 소음으로 찡찡대던 나에게 엄마가 툭 던졌던 말이다.

"아유, 하기 싫은 거 엄마도 알지. 그래도 네가 하자고
마음먹은 거잖아. 수작 부리지 말고 할 일 해!"

팩트로 폭행당해 졸지에 뼈 발린 순살치킨이 되어버린 나는, 이 말에 꽤 큰 자극을 받고 얌전히 공부하러 갔다. 이렇게 생각하면서 말이다.

'그래, 내가 공부하자고 마음먹은 건데, 하기 싫다고 찡찡대면서 뒹굴고 있어봤자 무슨 도움이 되겠어. 이왕 하기로 마음먹은 거, 딴생각 말고 그냥 해버리자!'

그리고 독서실에 도착해 엄마의 이 명언을 포스트잇에 써서 책상 앞에 붙여뒀다. 의욕이 떨어질 때마다 그 문구를 보며, 셀프 동기 부여를 하는 데 큰 도움을 받았다.

사실 공부라는 것은 미래의 나를 위해 현재의 욕구를 극하게 참아내야 하는 인내의 과정이다. 하기 싫은 게 지극히 당연하다는 말이다.

하지만 어떤 목표를 달성하기 위해 공부는 꼭 필요한 요소일 것이고, 이왕 하기로 마음먹었다면 하기 싫은 이유들이 많더라도 그것들을 제치고 '할 일'이니까 해야 한다. 하기 싫은 이유가 수십만 가지라도 해야 하는 이유가 한 가지 있다면, 수작 부리지 말고 지금 당장 해야 한다는 말이다.

중학교 1학년 때 나는 목이 부러질 뻔(!)한 경험을 하게 된다. 명언 이야기하다가 갑자기 웬 목 부상이냐 싶겠지만, 일단 들어봐라.

그때 나는 교내 댄스동아리에서 활동하고 있었고, 여름 축제 공연을 굉장히 열심히 준비하고 있던 중이었다. 그런데 안무 중 한 동작이 나를 힘들게 했다. 바로 신체의 한 부분을 분리하듯이 따로 움직이는 아이솔레이션 동작이었다. 몸은 가만히 있고 목만 돌려 멋진 느낌을 연출하는 것인데, 목을 움직이려고 하면 자꾸 몸이 따라 움직여서 그 무심하듯 간지 나는 느낌이 안 나는 거다.

그래서 나는 '아이솔레이션 이 자식, 어떻게든 해내고 만다'라는 마인드로 그 한 동작을 미친 듯이 연습하기 시작했다. 급식실을 가다가도 목을 까딱까딱, 씻고 거울을 보다가도 목을 빙글빙글… 그렇게 정말 목 관절이 아파올 때까지 수없이 연습했는데도, 내가 원하는 그 느낌이 안 나는 거다. 그래서 답답한 마음에 '목이 부서지더라도 한번 세게 해보자!' 하면서 목을 빡 돌렸더니, 어라? 목이 부러질 듯한 고통과 함께 내가 원했던 그 느낌이 딱 나오는 거다. 그때 느꼈다. 아, 역시 성장은 고통을 수반하는구나!

더 멋있고 완벽한 동작을 위해 목 관절의 통증을 참아가며 연습했던 중학생의 나는, 결국 고통을 수반한 연습 끝에 큰 성장(!)을 이루어냈다. 이 시점에서 공부도 이 과정과 똑같다는 말을 하고 싶다. 유의미한 발전을 이루고 싶다면 힘들고 불편하고 아픈 것은 당연한 거라는 얘기다.

물론 고통스럽게 공부하라는 뜻은 절대 아니다. 하지만 당신이 진심으로 원하는 목표가 있다면, 어느 정도의 불편함은 감수해야 한다는 뜻이다.

많은 이들이 이 고통을 견디지 못해 공부를 포기하고 다른 유혹에 넘어가 버린다. 어쨌거나 공부는 힘들고 지치는 과정인지라 스스로 버틸 수 없다고 생각하며 손을 놓아버리는 것이다. 하지만 자신이 진정으로 성장하고 싶다면, 괄목할 만한 성과를 내고 싶다면, 그토록 원하던 일을 해내고 싶다면, 괴롭고 힘들더라도 그것을 이겨내려고 노력할 필요가 있다.

사실 나도 그랬다. 간절히 원하는 목표 하나만 바라보고 공부하다가도, 가끔씩은 매일매일 똑같은 하루에 지치고 회의감이 들었다. 나도 놀고 싶은데, 나도 자유로운 삶을 살고 싶은데, 스스로를 너무 속박하는 것 같은 느낌이 들어 불편한 감정이 하루에도 몇 번씩 찾아왔다. 그런 때는 엄마에게 스스럼없이 조언을 구했다.

"엄마, 나 정말 열심히 공부하고 있기는 한데… 내가 맞는 길을 가고 있는지도 잘 모르겠고, 공부만 하는 게 좀 지치기도 해. 이럴 때는 어떻게 하면 좋을까? 엄마는 알아?"

"아이고, 엄마도 네 맘 이해해. 나도 일하면서 그런 감정 많이 느껴봤거든. 그런데 그런 힘들고 괴로운 순간을 피하지 않고 받아들일 때 결국 성장하게 되더라구. 힘든 건 알지만 너의 그 부정적 감정들을 받아들이고, 그걸 성장의 원동력으로 바꾸려고 해봐. 성장하고 있다면, 어딘가 힘들고 아프고 불편한 게 당연한 거야."

엄마의 이 조언이, 내가 흔들릴 때마다 지속적으로 나를 지탱하고 기댈 수 있게 해준 기둥과도 같았다. 성장은 단순히 열심히 할 때만 일어나는 것이 아니다. 미친 듯이 힘들 때, 내가 이렇게까지 노력해야 하나 싶을 때, 그때 일어나는 거다.

스스로 하겠다고 마음먹은 일을 정말로 하기 싫어질 때조차 어떻게든 하는 것, 그것이 성장의 과정인 것이다.

체력은 모든 것의 기반이 된다

'운동할 시간도 아껴서 공부에 투자해야지!'

아마도 의욕 '뿜뿜' 수험생 중에 이런 생각을 하는 이가 있을 것이다. 그런데 정해진 시간 안에 최대한 많은 양의 공부를 하려는 의욕이 앞서, 몸에 무리가 간 적은 없는가?

공부는 머리를 쓰는 일이지만, 몸이 따라줘야 하는 일이기도 하다. 체력이 모든 활동의 기반인데, 체력이 떨어지면

지구력과 집중력이 떨어져 자연스레 공부의 효율도 떨어진다. 당연한 이치라 모두 머리로는 알고 있지만, 조급한 마음이 문제다. 마음속의 저울에 공부와 운동을 올려놓았을 때 공부 쪽으로 기울고 마니까 운동을 포기하고 공부를 선택하게 되는 것이다.

하지만 운동은 공부와 떼려야 뗄 수 없는, 어쩌면 공부를 위해 필수적 요소이다. 절대적인 시간만 따져도 공부만 계속하는 경우보다 공부와 운동을 병행하는 쪽이 학습의 효율을 현저하게 높인다는 것을 증명한 연구 결과가 있다.

운동을 병행해야 공부 효율이 높아진다

스웨덴 옌셰핑대학교 연구진은 2009년부터 2019년까지 10년이라는 긴 기간 동안 '운동이 학습능력에 미치는 영향'을 연구한 논문 13건을 체계적으로 분석했다.[*] 그 결과,

---

* Jönköping University, Effects of a single workout on memory and learning fun', 「Translational Sports Medicine」, 2020

10~20대의 젊은 청년층이 적게는 2분에서 1시간 사이의 유산소 운동을 하면, 학습 능력과 기억력이 향상되는 것으로 나타났다.

걷기나 조깅 등의 가벼운 유산소 운동을 하루에 30분 정도만 하더라도, 아예 운동하지 않았을 때보다 뇌의 활성화 정도가 현저히 높아져, 같은 시간의 공부를 하더라도 효율이 훨씬 높은 것이다.

또한 높은 강도의 운동(뛰기, 축구, 농구 등의 스포츠)의 경우에는 단 2분만 하더라도 기억력과 집중력, 문제 해결 능력과 언어 능력까지 다양한 능력들이 단시간에 향상되는 결과를 얻었다.

게다가 이러한 효과가 짧은 시간 지속되는 것이 아니라, 2분의 운동으로 최대 2시간의 효과를 얻을 수 있게 한다. 우리의 뇌가 정보를 수용하고 그것을 기억하는 과정인 첫 단계, 즉 인코딩 전에 몸을 움직여 운동을 하면 뇌를 활성화시켜 전체적인 학습 효율을 높일 수 있다는 것이다. "아유, 너무 앉아만 있지 말고, 좀 움직여가면서 공부해라! 그래야 더 잘 된다!"라고 했던 어른들의 잔소리가 과학적 근거가 있었던 것이다.

나 역시 공부와 운동을 병행해 좋은 결과를 얻어낼 수 있었다. 사실 처음 수능 공부를 시작할 때는 절대적인 시간이 부족하다는 조급함 때문에 운동을 전혀 하지 않고, 오직 공부에만 몰두하려 했었다. 집안일, 운동, 취미를 모두 포기하고 공부에만 시간을 투자하는 것이 최대한의 성과를 얻어낼 수 있는 방법이라 믿었기 때문이다.

하지만 몸을 전혀 움직이지 않고, 계속 공부만 하다 보니 스스로 집중력이 현저히 떨어지는 것이 느껴졌다. 평소에 춤이나 산책 등 몸으로 하는 활동을 좋아하고 즐겼는데, 그 시간을 아예 없애고 앉아서 공부에만 체력을 쏟았더니 시간이 지나자 조금만 공부해도 지치고 힘들어지는 몸이 되어버린 것이다.

어느 순간 이에 대한 심각성을 깨닫고, 가벼운 운동을 조금씩 하기 시작했다. 이후 조금씩 몸이 개운해지면서 오랜 시간 공부해도 집중력이 잘 유지되는 것을 확인하고 유의미한 변화가 있음을 깨달았다.

그렇다면 구체적으로 어떤 운동을, 얼마나 하면 좋은지

일상 속에서 쉽게 해볼 수 있는 운동을 소개해보려 한다.

체력을 키워주는 두 가지 운동

| 추천 운동 1. 절체조 |

짧은 시간 안에 최고의 운동 효과를 낼 수 있는 운동이다. 별다른 도구가 필요하지 않은 맨몸 운동이기에 어디서든 쉽게 할 수 있고, 가벼운 유산소 운동이라 성장기 학생에게도 무리가 가지 않고 체력적으로 도움이 많이 된다. 절체조 방법은 다음과 같다.

1. 양발을 어깨 너비의 반 정도 벌리고 서서 합장 자세로 시작한다.

2. 합장한 손을 아래로 내리며 양팔을 쭉 편 뒤, 양팔을 등 뒤로 크게 돌려 위로 올린다.

3. 다시 손을 모아 양팔을 앞으로 내리면서 상체를 숙여 몸이 'ㄱ'자 모양이 되도록 한다.

4. 무릎을 굽히면서 양팔을 앞으로 내밀어 바닥을 짚는다. 이때 고개는 자연스럽게 숙인다.

5. 무릎을 꿇고 앉아 팔꿈치와 이마를 바닥에 댄다. 이때 발가락을 꺾은 채 발꿈치를 세우고, 머리카락이 바닥에 살짝 닿을 정도로만 고개를 숙이면 된다.

6. 바닥을 짚고 있는 양손을 뒤집어 손바닥이 위를 향하게 하여 귀 높이까지 들어올린다.

7. 손을 합장 자세로 모으며 일어난다.

이것을 한 번으로 세어, 자신의 현재 체력과 신체 상태에 맞추어 하루에 적게는 20회, 많게는 50회 정도씩 반복하면 된다. 1회 하는 데 10~15초 정도 소요되므로, 20회의 경우 4~5분, 50회의 경우에도 10~12분밖에 걸리지 않는다. 이 정도의 운동할 시간은 다들 있지 않은가? 그리고 운동하는 시간대는 되도록 아침에, 공부를 시작하기 전에 하는 것을 추천한다. 아침에 일어나자마자 절체조를 10분 정도 하면 잠도 깨고, 뇌를 활성화시켜줄 수 있기 때문이다.

처음에는 가벼운 마음으로 시작하더라도 20회쯤 하다

보면 달리기를 한 것처럼 헥헥거리게 되어서 생각보다 힘들 것이다. 하지만 매일 습관처럼 하다 보면 익숙해지고, 체력도 점차 좋아지면서 스스로 건강해지고 뇌가 맑아지는 것을 느낄 것이다.

나도 이 절체조를 매일 50회 이상 하면서 잠을 깨곤 했다. 새벽에 일어나면 엄청나게 잠이 쏟아지고 아직 정신이 꿈나라에 가 있는 것 같은데, 귀찮고 하기 싫더라도 졸린 몸을 이끌고 절체조를 하다 보면 저절로 잠이 깨면서 말똥말똥해지는 걸 경험할 수 있었다. 완전 추천하는 운동이다.

| 추천 운동 2. 걷기 |

우리가 매일 하고 있어서 특별함을 느끼지 못할 수도 있지만, 걷기 운동은 공부에 굉장히 큰 도움이 된다. 사실 걷기의 중요성은, 각종 매체에서 귀에 딱지가 앉도록 이야기해서 모두가 알고 있을 것이다. 하지만 이동에 필요해서 하는 걷기 말고, 따로 시간을 내어 걷기 운동을 하는 수험생은 그리 많지는 않을 거라 생각한다. 나는 누구나, 언제든, 어디서든 할 수 있는 걷기 운동을 적극적으로 활용해보라고 권하

잡념

고 싶다.

특히 지금 공부를 하고 있다면, 적어도 하루에 20~30분 정도는 걸어보는 것을 추천한다. 노래를 들으면서 걸어도 되고, 친구와 전화하면서 걸어도 되고, 반려동물이 있다면 함께 산책하며 걸어도 된다. 걸으면서 자신을 한 번 환기시키고, 뇌에 혈류를 공급하는 것이다.

걷기의 경우에는 시간대가 크게 상관없다고 생각한다. 그냥 자신의 스케줄에 맞추면 된다. 나는 학교에 다니지 않고 혼자 독서실에서 공부를 하는 경우가 많았으므로, 독서실이 오픈하는 시간보다 30분 정도 일찍 나가서 동네를 한 바퀴 도는 방식으로 걷기 운동을 했다. 이렇게 하면 본격적인 공부를 하기 전에 한번 리프레시가 되어 상쾌한 기분으로 시작하게 되는 효과가 있다.

하지만 만약 자신이 아침잠이 너무 많아 아침 시간을 빼기 어렵다면, 점심이나 저녁 시간을 활용해서 걸어도 괜찮다. 학교에 다니는 학생이라면 점심을 먹고 친구랑 수다를 떨거나 단어를 외우면서 운동장을 걸어도 되고, 학원이 끝나고 귀가할 때 동네 한 바퀴를 돌고 집에 들어와도 된다.

무엇보다 공부가 잘 안 될 때, 걸어보기를 추천한다. 나는 도저히 안 풀리는 문제가 있을 때, 독서실 밖으로 나가서 10분 정도 걸었다. 그 문제를 곰곰이 생각하면서 근처를 한 바퀴 돌면 해답이 생각나기도 하고, 꼭 해결 방법이 떠오르지 않더라도 몸을 움직이는 것을 통해 뇌에 혈류가 증가하므로 독서실에 돌아와 문제를 풀 때 훨씬 집중력 있게 풀 수 있었다.

이렇게 다양한 시간대를 활용하여 하루에 20~30분 정도만 걸어도, 여러 긍정적인 효과를 느낄 수 있을 것이다. 그러니 공부가 안 된다고 불평하며 딴짓할 시간에, 냅다 걸어봐라!

실력 - 실수 = 합격

실력은 단단하게 쌓고, 실수와 오류는 최소화한다

시험을 볼 때 집중력을 최대로 발휘하는 것, 빠른 시간 안에 문제를 푸는 것 등도 물론 중요하지만, 그에 못지않게 실수와 오류를 줄이는 것이 관건이 될 때가 많다.

사소한 실수와 오류를 줄이려면, 두 가지 영역을 완벽하게 세팅해둔 후 시험에 돌입해야 한다. 하나는 기술적 영역이고, 하나는 외부적 영역이다. 기술적 영역의 설정이란 온전히 내 안에 내재된 기술을 갈고닦는 것을 말하고, 외부적 영역의 설정이란 물리적 외부 환경을 내 몸에 최적화되도록 설정하는 것을 말한다.

수많은 연습을 통해 내재된 시험의 기술을 갈고 닦은 후, 최상의 컨디션에서 시험에 응할 수 있게 외부적 세팅까지 완벽하게 해둔다면, 실제 시험에서 좋은 성적을 거둘 수밖에 없을 것이다.

기술적 영역 1. 지문을 완벽히 내 것으로 만들기

실전 시험에서 가장 흔하게 저지르는 실수가 무엇일까? 바로 빠른 속도로 지문을 읽느라 내용을 잘못 이해하는 것이다. 평가받는다는 긴장감과 시간 제한의 압박감 때문에 평소라면 어렵지 않게 풀던 문제도 틀리는 일이 생기는 것이다.

이런 오류를 줄이려면, 압박 상황에서도 지문을 꼼꼼히 읽는 연습이 필요하다. 지문이 긴 국어와 영어 등의 과목은 동그라미와 네모 등의 기호들을 사용하여 지문에서 등장하는 상관관계나 인과관계 등을 완벽하게 파악하여 표시하고, 간단하고 짧은 메모를 활용하여 지문이 전달하고자 하는 핵심 내용을 정리하는 연습이 필요하다. 수학 문제에서는 '하지 않은' 것 등의 부정어나 '최댓값·최솟값' 등의 반대 표현을 헷갈리지 않고 확실히 표시해두어, 아쉬운 실수가 나오지 않게 해야 한다.

풀이 과정이 완벽하더라도, 애초에 지문을 잘못 읽었다면 아무런 소용이 없어진다. 문제를 맞히기 위한 가장 첫 조건은 지문을 완벽하게 읽고 이해하는 것임을 잊지 말자.

기술적 영역 2. 영역별 풀이 시간 정해두기

사람마다 시험 문제를 푸는 자신만의 순서가 있기 마련이다. 자신 있는 영역의 문제를 먼저 완벽하게 풀어둘 수도 있고, 먼저 어려운 문제에 도전해서 푼 다음 시간이 지나면 쉬운 문제를 푸는 방법을 택할 수도 있다. 이 순서는 연습을 통해 자신에게 맞는 방식이 무엇인지 파악하여 정하면 되겠지만, 순서와 상관없이 모두가 경계해야 하는 중요한 지점이 있다.

바로 어려운 문제에 매달리다가 쉬운 문제를 놓쳐서는 안 된다는 것이다. 한 번 풀기 시작한 문제는 아무리 어렵더라도 투자한 시간이 아까워 끝까지 풀고 싶게 된다.

자연스러운 인간의 심리이지만, 이런 생각에 휩싸여 어려운 문제에만 집중하다가 스스로가 쉽다고 생각한 문제를 급박하게 풀게 되어 전체적으로 성적이 낮아지는 경우가 꽤 있다. 정작 시간을 투자한 어려운 문제도 틀리고, 그 문제 때문에 빠르게 푼 쉬운 문제들도 틀린다면, 결국 최악의 결과를 낳게 된다.

이를 방지하기 위해서는 시험 전에 ① 각 영역별로 투자할 시간을 정해두고, ② 한 문제에 투자할 수 있는 '맥시멈' 시간을 정해두는 것이 좋다.

예를 들어 수능 국어의 경우, 80분의 시험 시간 중 독서 35분, 문학 25분, 문법 10분, 화법과 작문 10분 등으로 대략적인 영역별 풀이 시간을 정해둔다. 그리고 정말 어려운 문제가 생겼을 때, 내가 투자할 수 있는 맥시멈 시간은 문제당 5분으로 정해두는 것이다.

이 방법을 사용하면, 고난도 문제가 등장했을 때 5분간은 최선을 다해 풀어보고 정답이 나오지 않을 시 칼같이 다음 문제로 넘어갈 수 있게 마인드가 세팅된다. '어려운 문제'에만 집중하느라 '쉬운 문제'에 시간을 쏟지 못하는 일이 발생하지 않는 것이다.

내가 어떤 과목, 어떤 영역에 자신 있는지에 따라 이 두 가지 시간 투자의 비율은 달라진다. 충분히 고민하여 자신에게 맞는 비율을 찾고, 그것을 적용해 실전처럼 연습하면 최상의 효과를 낼 수 있다.

기술적 영역 3. 마킹 오류 줄이기

정말 중요한데 많은 수험생들이 놓치는 것, 바로 마킹 오류이다. 정작 문제를 맞혀놓고 마킹을 실수해 성적이 낮아지는 경우가 생기는 것이다. 너무 억울하고 슬프겠지만, 결국 실수마저도 자신의 실력이지 않은가? 자신의 실력을 완벽히 발휘하여 좋은 성적을 얻으려면, 문제풀이의 마지막 과정인 마킹의 오류까지도 완벽히 제거해야 한다. 이러한 마킹 실수를 없애기 위해서는, 두 가지 팁을 명심하자.

① 문제를 풀고 답을 도출했으면, 문제 번호 옆에 답을 크게 써놓고 확실히 알아볼 수 있게 표시한다. 나는 답을 내자마자 문제 바로 옆에 답을 적고 동그라미로 강조하여, 빠르고 정확하게 마킹할 수 있도록 했다.

② 문제 번호를 최소 두 번씩 확인해가며 마킹해라. 마킹 과정에서 가장 많이 나오는 실수 중 하나가 바로 번호를 밀려 쓰는 것이다. 정신없이 문제를 풀고 마킹하다 보니, 아직 마킹할 문제가 남았는데 OMR 카드는 꽉 채워져 있는 공포의 경험… 누구나 있을 법하다. 빠른 속도로 표시하다 보면 문제 하나를 건너뛰거나 반복 마킹하기 쉬운 것이 바로 OMR 카드이다. 이런 무서운 실수가 나오지 않도록, 문제 번호와 답란을 적어도 두 번씩 눈으로 반복 확인해가며 정확하게 마킹해라.

외부적 영역 1. 최적의 온도 세팅하기

시험 당일 은근히 큰 영향을 미치는 요소가 온도이다. 시험장의 컨디

잡념

션과 그날의 날씨에 따라 환경이 달라지는 것이기에, 그 환경에 완벽하게 적응할 수 있도록 무릎담요, 후드집업 혹은 가디건, 보온병, 보냉병 등의 아이템을 챙겨가는 것이 좋다.

시험을 보다 보면 너무 긴장하거나 집중하느라 열기를 빼앗겨 추위를 느끼기도 하는데, 이때 무릎담요나 가볍게 걸칠 수 있는 후드집업 혹은 가디건이 유용하다. 처음부터 두꺼운 옷을 하나만 입지 말고, 가벼운 긴팔티에 후드집업을 입고 패딩을 걸치는 등 겹겹이 옷을 입는 것이 좋다. 그리고 뜨거운 물을 담은 보온병 하나와 시원한 물을 담은 보냉병 하나, 물병을 총 두 개 가져가자. 온기가 부족할 때와 냉기가 부족할 때 각각 나의 몸을 즉각적이고 빠르게 달래줄 수 있는 아이템이기 때문이다.

외부적 영역 2. 의자와 책상의 높이 확인하기

정말 사소한 것일 수 있지만, 의자와 책상의 높이도 시험장에 들어가자마자 체크해야 할 중요한 요소 중 하나이다. 평소에 사용하던 책상과 시험장 책상의 높이가 다르면 신체적인 불편함 때문에 집중력이 떨어지는 요소로 작용할 수 있다. 그러한 불상사를 막기 위해서는 시험장에 A4 이면지 몇 장을 챙겨가는 것이 좋다.

우선 시험장에 들어가자마자 의자에 앉아 책상에 손을 올려봄으로써 해당 책상의 높이가 내가 평소 사용하던 책상과 비슷한지, 아니면 불편한지 체크해본다. 만약 책상의 높이가 너무 높거나 낮으면, 이면지를 사용하여 높이를 맞추면 된다. A4 크기의 이면지를 반으로 접고 접어 작고 두껍게 만든 후 의자나 책상의 다리 밑에 깔면, 높이를 조절할 수 있는 훌륭한 받침대가 된다.

책상의 높이가 의자보다 너무 높다면 의자 다리 밑에 종이를 깔고, 반대로 너무 낮다면 책상 다리 밑에 종이를 깔면 된다. 시험장 컨디션이 좋지 않다면 의자나 책상 중 다리 하나가 짧아 삐걱거리거나 덜컹거릴 수 있는데, 이때도 짧은 다리 밑에 종이를 접어 깔면 높이를 맞출 수 있다.

외부적 영역 3. 점심 메뉴 미리 고르기

수능 시험 중에 먹는 점심 메뉴를 무엇으로 해야 할지에 대해서는, 수험생들 사이에서도 갑론을박이 펼쳐지는 주제이다. "자신이 평소 먹던 음식으로 해야 한다"는 의견부터 "아니다, 가장 좋아하는 음식으로 해야 한다" 등의 다양한 의견이 나온다.

나는 어떤 입장이냐고? 메뉴는 크게 상관이 없다고 생각한다. 하지만 중요한 것은, 시험 당일에 먹는 이 점심 메뉴를 일주일 전부터 매일 똑같이 먹어야 한다는 거다. 즉, 점심 식사조차 연습해야 한다는 말이다!

그래야 그 메뉴를 먹었을 때 신체적으로 탈이 나거나 문제가 있지는 않은지, 컨디션에 영향을 주지는 않는지 체크할 수 있기 때문이다. 또한 사람은 본능적으로 자신에게 익숙한 경험을 할 때 편안함을 느끼기 때문에, 이렇게 당일의 메뉴를 연습해두면 시험 날 심리적 안정을 느껴 점심 식사 이후의 시험도 비교적 긴장감이 덜한 채로 응시할 수 있다.

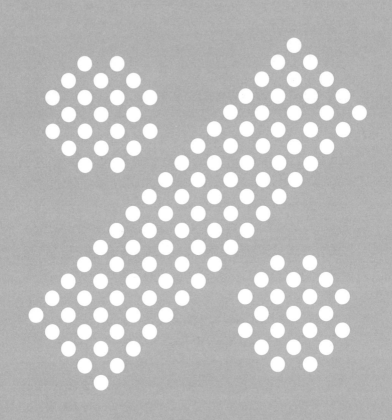

4장
나눠야 할 것, 계획

수능이 인생의 최종 목표는
아니잖아

원대한 목표일수록 계획을 세분화하는 과정이 필요하다. 수능 대비 역시 마찬가지다. '대학 합격'이라는 목표는 크고 장기적인 목표이다. 이렇게 큰 목표만으로 수능까지 장거리 레이스를 하기에는 중간중간 장애물이 많고, 당장 성취감을 맛보기 어려워 지치기 쉽다.

나는 연 단위 계획을 월 단위로, 다시 하루 단위로 바꿔 세웠고, 이를 토대로 매일의 성공 경험을 쌓아나갔다. '영어 단어 100개 암기', '고전시가 3개 분석하고 암기하기', '비문학 1지문 독해 소요 시간 10분으로 줄이기' 등 작은 목표를 설정하고 이것을 매일 달성했더니, 몇 달이 지나자 성적이 놀라울 만큼 올라 있었다.

그 결과 원하던 대학에 조기 입학했고, 그 기쁨을 한껏 누리며 대학생활을 즐기고 있다. 하지만 상기해보아야 할 것은 수능 자체가 인생의 최종 목표가 되어서는 안 된다는 것이다. 우리는 끊임없이 목표를 세우고 달성하며 최종적인 꿈을 위해 계속해서 달려야 한다. 내가 무엇을 하고 싶은지에 대한 성찰을 멈추지 말고 해야 하는 이유이다.

수능이 끝났다고
인생이 끝난 건 아니잖아

수능이 끝난 날, 약 1년 10개월간의 노력을 모두 쏟아부은 그날 저녁, 나는 인생에서 다시는 찾아오지 않을 감정의 대홍수를 느꼈다. 후련함과 해방감, 행복감과 허탈함 등의 온갖 감정이 밀물처럼 떠밀려온 것이다. 스스로 목표를 정하고 그걸 달성하기 위해 긴 시간을 투자해 미친 듯이 공부했던 만큼, 그 이후의 감정들도 다양한 모습을 띤 채 나를 찾아왔다.

수험생에게 "수능이 끝나고 나서 어떤 감정을 느꼈나요?"라는 질문을 던지면 대부분은 "행복했어요", "후련했어요", "이제 놀기만 해도 된다는 생각에 너무 좋았어요" 등 대체로 긍정적인 답변을 내놓을 것이다. 하지만 나에게는 후련함과 허탈감이라는 양가적 감정이 동시에 찾아왔다.

큰 시험을 잘 마무리했다는 안도감과 스스로에 대한 기특함이 공존하며 잠깐은 기분이 좋았지만, 동시에 내가 목표로 하고 달려오던 시험이 끝났다는 것에 대한 허탈감이 매우 컸다. 매일매일 루틴처럼 독서실에 가서 공부할 필요가 없어지니 '이제 나는 당장 뭘 해야 하지?'라는 생각부터 들게 되어 마냥 후련하지만은 않았던 것이다.

그래서 나는 지금 이 감정을, 앞으로 내 삶의 원동력으로 활용해보기로 했다. 허탈함과 회의감으로 하루하루를 보내기에는 내 시간이 너무 아까웠기 때문이다.

수능이 끝나면 모든 것이 끝난 것 같은 느낌이 들 수 있겠지만, 사실 그 이후부터가 새로운 시작이다. 앞으로의 내 미래를 어떻게 그려나갈지 큰 발걸음을 떼는 시기인 것이다.

나는 이런 생각을 바탕으로 '수능'이라는 큰 시험을 재정의해보기로 했다. 내가 목표로 잡고 달려온 최종 목적지가 아닌, 내 인생의 목표를 이루기 위한 하나의 수단일 뿐이라고 새롭게 의미를 부여한 것이다. 이렇게 사고의 전환이 이루어지니 수능 이후에 느꼈던 묘하게 부정적인 감정들이 서서히 사라지고, 과거의 내가 아닌 미래의 나에게 더욱 집중할 수 있게 되었다. 앞으로 무엇을 하고 싶은지, 그래서 당장 내가 할 수 있는 일들이 무엇인지에 대해 깊이 생각해보게 된 것이다.

나는 무엇을 하고 싶은 걸까?

수능만을 목적지로 삼고 몇 년간 미친 듯이 달려온 수험생에게는 수능 이후의 시간을 효율적으로 활용하는 것이 매우 어려울 수 있다. '우선 수능부터 잘 마무리하자'라는 생각으로 공부에 매진하는 경우가 많기에, 장기적으로 자신이 무엇을 하고 싶은지에 대해 고민하는 시간이 아무래도 부족했을 것이다. 하지만 수능을 본 이후에는, 반드시 자신의 미래에 대해 진지하게 생각해보는 시간을 가져야 한다. 수많은 선택지 중에 나의 진로를 선택하는 첫 단추를 꿰는 시기인 만큼, 여러모로 나라는 사람에 대해 가장 깊이 들여다봐야 하는 시간인 것이다.

나는 수능이 끝난 이후, 곧바로 '인생의 로드맵'을 써보라고 권하고 싶다. 이것은 단순히 어떤 대학에 가고, 어떤 직장에 가고 싶은지 등 현실적인 진로의 로드맵을 말하는 것이 아니다. 나는 어떤 태도를 가지고 삶을 살아가고 싶은지, 어떤 유형의 일을 업으로 삼아 일하며 살고 싶은지 등 전반적인 인생의 방향성을 이야기하는 것이다. 스스로 장기적인 목표를 세워 이상적인 자신의 미래를 그려보게 된다면, 대학과 직장 등의 구체적인 진로는 자연스럽게 설정할 수 있게 된다.

나는 이러한 인생의 로드맵을 손으로 직접 적어보았는데, 스스로에게 질문을 던지고 답해보는 방식을 취했다. 우선 가장 범위가 크고 추상적인 질문, '나는 어떤 모습으로 삶

을 살아가고 싶은지'를 적는다. 그리고 범위를 점점 좁혀가
며 '내가 즐거움을 느끼는 일' → '구체적인 업무의 분야' →
'그 직종에서 일하기 위해 진학하면 좋은 대학과 학과' → '몇
년 안에 그 일을 해낼 수 있을지' → '그렇다면 지금 당장 내
가 할 수 있는 일은 무엇인지' 등을 적어보는 것이다.

이런 과정을 거치다 보면 스스로가 무엇을 원하고 있는

지, 어떤 일을 하고 싶어하는지에 대한 파악이 가능해지면서 내 미래의 계획을 구체화할 수 있다.

물론, 모든 사람이 이런 질문에 대해 시원하고 빠르게 답할 수 없을지도 모른다. 아직 자신이 어떤 삶을 살고 싶은지에 대해 갈피를 잡지 못했을 수도 있고, 누군가는 희망하는 삶의 모습은 있지만 그것을 충족하기 위해서 지금 당장 어떤 활동을 해야 할지 잘 모를 수도 있다. 그래서 질문을 했지만 답이 모호할 수도 있고, 아예 당장은 답할 수 없을지도 모른다.

하지만 이렇게 스스로에게 질문해보는 시간을 가지는 것만으로도 아주 큰 의미가 있다. 이전까지는 전혀 생각해보지 못했던 진정한 나의 내면에 대해 들여다보려는 시도만으로도, 나 자신을 알아가려는 첫걸음을 크게 내딛는 것이기 때문이다. 나에 대한 정보를 조금이라도 더 얻기 위해서는 질문에 대한 답이 다소 늦게 도출되더라도, 아니면 모호하게 도출되더라도 끊임없이 질문을 던져야 한다.

앞서 말한 것처럼 크고 넓은 범위에서부터 시작해 아주 세세하고 구체적인 것으로 질문의 범위를 좁혀 나간다면,

결국에는 내가 지금 당장 무엇을 해야 할지에 대한 답이 나올 것이다. 질문을 통해 내가 인생을 살아나가며 반드시 알아야 할 목적지를 파악하고, 그곳에 도달하기 위해 할 일을 하나둘 찾아가는 과정을 시작해보는 것이다.

어느 대학, 어떤 과에 가야 할까?

    내 인생의 로드맵을 통해 내가 원하는 것을 어렴풋이라도 파악했다면, 이제는 정말 현실적인 고민을 할 차례다. 수능이 끝나고 몇 달 후, 수험생들의 골머리를 앓게 하는 대학 원서 접수 시즌이 다가오는 것이다.

    이 시기에는 정말 많은 수험생들이 '나는 뭘 하고 싶은 거지?', '나는 뭘 좋아하는 거지?'라는 고민을 온종일 하게 된다. 그전까지는 '수능 점수 잘 받아서 좋은 대학 가야지!'의

÷
계획

막연한 생각을 가지고 있었다면, 이제는 정말 내 인생에 직접적인 영향을 미치는 요소인 대학과 학과를 선택해야 하는 것이다.

대학과 학과 선택의 세 가지 기준

그렇다면, 원서 접수 시 가장 우선적으로 생각해야 하는 것은 무엇일까? 보통의 수험생들은 세 가지 기준을 바탕으로 대학과 학과를 선택하게 될 것이다.

(1) '취업'이 잘 되는 대학·학과
(2) 내 '성적'으로 갈 수 있는 가장 좋은 대학·학과
(3) 내가 대학에서 진정으로 배우고 싶은 '학문'

첫 번째와 두 번째 기준은, 취업과 성적이라는 직관적이고 현실적인 요소를 기반으로 한다. 아무래도 좋은 대학, 좋은 학과에 가려는 이유가 훗날의 좋은 직업을 위해서인 경

우가 많으니 '취업'이 가장 큰 요소가 될 수밖에 없다고 생각한다.

'성적'도 역시 그렇다. 자신이 받은 수능 성적을 기반으로 갈 수 있는 가장 좋은 대학·학과가 어디인지를 선택하는 것이 원서 접수의 기본 전략인 만큼, 흔히 말하듯이 '성적에 맞춰서' 지원서를 쓰는 경우도 많은 것이 사실이다.

하지만 세 번째 기준은, 조금 추상적인 요소를 기반으로 한다. 내가 관심 있는 분야가 무엇이고, 하고 싶은 일이 무엇인지, 그래서 대학에서 진정으로 배우고 싶은 '학문'이 무엇인지에 따라 대학을 선택하는 수험생은 생각보다 그리 많지 않다. 그 이유는 내가 진심으로 '하고 싶은' 특정 분야의 일이 없을 수도 있고, 단순히 안정된 미래를 위해 좋은 스펙을 쌓으려는 목적으로 대학을 선택하는 경우도 있을 수 있기 때문이다.

아무래도 한국에서 대학의 의미가 진정한 학문을 배우고 지식을 함양하는 곳이라기보다는 취업을 위해 스펙을 쌓는 곳으로 변질된 경향이 없지 않기에, 학생들이 스스로 무엇을 배우고 싶어하는지에 대한 고민이 부족한 것은 당연한 일인지도 모른다.

그렇더라도 이 세 번째 기준은 대학과 학과를 선택함에 있어 꼭 진지하게 고려해야 할 항목이라고 생각한다. 첫 번째, 두 번째 기준은 충족하더라도 세 번째 기준을 충족하지 못하면 대학생활이 마냥 행복하지 않고 끊임없는 '현타'와 회의감으로 채워질 수도 있기 때문이다.

흔히 말하는 '취업이 잘 되는 과', '내 성적에 맞춰서 갈 수 있는 과' 등 현실적 기준만 생각하고 대학 원서를 넣는다면, 내면의 기준과는 완전히 다른 방향성을 가진 채 대학생활을 시작하고 지속하게 될 수 있다. 자신의 적성에 전혀 맞지 않을 수도 있고, 자신이 배우고 싶은 분야와는 전혀 다른 학문만 공부하게 되면서 끊임없이 후회하게 될 수도 있다. 외적인 환경과 조건에 맞추느라 자기 내면의 목소리를 무시하게 되는 것이다.

이런 일이 일어나지 않기 위해서는, 대학과 학과를 생각할 때 현실적인 기준 못지않게, 자신의 내면의 목소리에도 충분히 귀를 기울일 필요가 있다.

나 역시 현실적 기준과 내면의 소리 사이에서 굉장히 많은 고민을 했다. 나는 수험생 시절에 독서가 유일한 낙이었던 만큼 엄청나게 다양한 분야의 책을 읽었는데, 그중 철학 관련 분야의 책에 마음을 빼앗기게 되었다. 정답이 없는 학문이라는 것이 정말 흥미로웠고, 다소 어렵고 추상적일지 몰라도 삶의 근원적인 물음을 탐구한다는 것 자체가 무척 매력적이었다.

덕분에 나의 마음속에는 자연스럽게 철학과에 가고 싶다는 소망이 조금씩 자리 잡았다. 수험생 시절에는 철학책을 읽고 혼자 공상해보는 정도에 그쳤지만, '대학에 가서 교수님들에게 깊이 있게 배우고, 같은 분야에 관심 있는 동기들과 철학적 주제로 수다를 떤다면 어떨까'라는 상상을 멈출 수가 없었다.

그래서 어느 순간부터 목표를 '서울대 철학과 19학번!'으로 잡았다. 실제 서울대 철학과에서는 어떤 과목들을 배우는지 찾아보기도 하고, 철학과에 진학한 선배들의 후기나 경험담, 썰 등을 찾아보며 결국(!) 철학과에 간 '간지나는' 내 모습을 상상해보기도 했다. 그렇게 철학과에 가기로 굳은 마음을 먹고, 대학 원서 접수 시즌을 맞이했다.

그런데 막상 철학과에 원서를 넣으려니 심히 고민이 되는 거다. 사실 '철학과'라는 말을 들으면 '취업이 안 되는 학과'라는 문장이 저절로 연상될 만큼, 취업에 있어서는 불리한 학과인 것을 부인할 수는 없다. 순수학문의 끝에 놓여있는 굉장히 형이상학적인 학문인 만큼, 냉혹한 현실과는 거리감이 있는 것도 사실이다. 나의 미래를 위해 철학과에 진학하는 것이 맞는지 깊은 고민이 되기 시작했다.

당시 나의 수능 성적으로 '연세대 철학과'에는 안정적으로 합격할 수 있는 상황이었는데, '미래의 직업을 위해서 약간의 리스크를 감수하고, 취업률이 높은 경영학과나 경제학과에 원서를 넣어야 하나?', '아니면 아예 대학을 조금 낮추어 생각해볼까?' 등 현실적인 고민들이 나의 발목을 잡았다.

하지만 나는 그 순간, 내가 대학에 가려고 한 이유를 다시금 떠올리며 마음을 다잡았다. 애초에 나는 '취업을 위한 스펙 쌓기용'보다는 좋은 교육을 받고 좋은 사람들을 만나기 위해 대학에 진학하고 싶었다. 그리고 내가 꿈꾸는 미래의 모습 또한 좋은 대학에서 높은 학점을 받아 대기업에 취직해 성공한 회사원의 삶을 사는 것이 아니라, 창업해서 원하는 일을 주도적으로 해보는 것이었다. 비록 철학과에 진학하게 되면, 나의 진로 안정성은 조금 낮아질지 몰라도 내가 배우고 싶은 학문을 배우겠다는 목적은 충족되는 것이다. 이렇게 나의 내면을 진중하게 들여다본 끝에, 나는 철학과를 최종적으로 선택했다.

누군가는 나에게 그 선택에 후회가 없냐고 물을 수도 있겠다. 하지만 나는 절대 후회하지 않는다. 만약 원서를 접수하는 그 순간에 내면의 의지를 누르고 다른 학과를 선택했다면, 철학을 공부하는 재미를 지금처럼 충분히 느낄 수도 없었을 것이고, 적성과 맞지 않는 공부를 하는 것에 큰 회의감을 가졌을 수 있다고 생각한다. 흥미 없는 공부를 하는데 학점 역시 좋았을 리 없고, 이런 과정은 오히려 미래의 직업 안정성에도 도움되지 않을 것이라고도 생각한다.

누군가는 오로지 현실만 생각하고 원서를 넣으라고 조언할 수도 있겠지만, 나는 자신이 진심으로 원하는 미래의 모

÷
계획

습과 맞닿아 있는 대학과 학과를 선택할 때 대학생활을 훨씬 더 큰 기대감과 포부를 가지고 시작할 수 있을 것이라고 말해주고 싶다.

두근두근, 연세대 합격 발표 날

　'연세대 철학과'에 원서 접수 버튼을 누르는 순간부터, 약 2~3주 동안은 정말 시도 때도 없이 가슴이 두근댔다. 연세대를 포함해 중앙대, 홍익대까지 세 군데 가, 나, 다군에 정시 원서를 넣었지만, 가장 원하던 곳이 연세대였으므로 연대 합격 발표 여부로 모든 관심이 쏠렸다.

　내가 목표했던 SKY 대학 중 한 곳에, 심지어 내가 열렬하게 꿈꾸던 철학과에 원서를 넣게 되었다는 것만으로 가슴이

÷
계획

279

벅차올랐다. 사실 합격하기에 안정적인 성적이었기에 불안
감이 크진 않았지만, 내 모든 것을 쏟아부었던 시간에 대한
보상이 꼭 주어졌으면 좋겠다는 생각에 합격 발표날을 기다
리는 시간이 너무 길게 느껴졌다.

그렇게 합격 소식을 오매불망 기다리다가, 나는 기분 전
환도 할 겸 친구와 대구 여행을 떠나게 되었다. 그런데 여
행 중에 휴대폰을 확인해보니 "전화해라"라는 엄마의 무시
무시한 문자가 딱 뜨는 것이다! 그 순간 '헉, 내가 뭘 잘못했
나?', '중요한 걸 깜박해서 엄마가 서운했나?' 등 머릿속에서
오만가지 시나리오를 써내려가며 엄마에게 전화를 걸었다.

"어, 엄마! 무슨 일이야? (떨리는데 안 떨리는 척)"

"하은아, 지금부터 진짜 중요한 얘기할 거니까 놀라지
말고 잘 들어."

"(헉 뭔가 큰일 났다는 생각) 어, 어어, 알겠어! 얼른 얘기
해봐."

"너, 연세대 합격했어! 끼아악~ 축하해, 우리 딸!"

".........."

"……. 하은아?"

"뭐? 합격? 연세대? 진짜? 말도 안돼. 이게 무슨 일이야? 정말 내가 연세대 합격이라니, 진짜 이게 무슨 일이야. 엄마, 진짜지?"

"그럼 진짜지! 나도 방금 확인해보고 놀라서 기절할 뻔했다니까? 이야, 우리 딸 연대생이다, 이제!"

글로만 봐도 시끄러운 대화가 들리는 것 같지 않은가? 원래 예정되어 있던 공식적 합격 발표날보다 결과가 다소 일찍 나왔고, 내 수험번호로 합격 여부를 조회해본 엄마가 떨리는 마음으로 합격 사실을 전달해주셨던 거다. 나는 합격 통지 화면을 전달받고 나서, 대구 동성로 한복판에 주저앉아 기쁨의 눈물을 흘리고 말았다.

의지력, 인내력, 멘탈, 체력 등 정말 나의 모든 것을 온전히 쏟아부은 결과를 직접 마주하게 되니, 그 순간 엄청난 행복감이 밀려들었다. 수학 킬러 문제 하나를 일주일 동안 붙들고 어떻게든 풀고야 말겠다고 끙끙대던 나, 모의고사 성적이 떨어져 눈물을 뚝뚝 흘리며 시험장에서 나왔던 나, 왜

수험번호	
성명	최하은
전형구분	일반전형(일반계열)
모집단위	철학과

합 격 확 인 서

성　　명 : 최하은

생년월일 : 02

전　　형 : 일반전형(일반계열)

모집단위 : 철학과

수험번호 :

위 학생이 연세대학교 2019학년도 정시모집

철학과에 지원하여 합격하였음을 확인합니다.

2019년 1월 18일

연세대학교 입학처장

이렇게 외롭게 혼자 공부해야 하는지 회의를 느끼며 우울감
에 빠져들었던 나…. 길다면 길고 짧다면 짧은 1년 10개월
동안 미친 듯이 울고 웃었던 내 모습이 하나둘 떠오르면서
뜨거운 기쁨의 눈물을 흘리게 되었던 것 같다.

대학은 생각보다
더 멋진 곳이라니까!

많은 수험생들이 대학생활에 대한 로망을 가지고 수험 기간을 보낸다. '지금은 이렇게 힘들지만 대학에 가면 행복 하겠지?'라는 생각을 하며 힘든 시기를 버티기도 하고, 동기 들과 놀러 다니며 자유를 즐기는 미래의 모습을 생각하면서 슬럼프를 극복하려 노력하기도 한다.

하지만 공부하는 게 정말로 힘들 때는, 대학에 대한 기대

284

감이 회의감으로 바뀌는 순간도 온다. '과연 내가 이렇게까지 노력해서 가야 하는 곳일까?', '대학에 간다고 내 인생이 달라질까?' 등의 생각이 드는 시기도 찾아오는 거다. 물론, 대학에 간다고 인생 자체가 드라마틱하게 180도 바뀐다고 장담할 수는 없다. 하지만 대학은 미친 듯이 노력해서 가볼 만한 가치가 충분히 있는 곳이라고 말해주고 싶다. 또 많은 장점이 있어 이를 충분히 활용하면 내 인생을 충분히 바꿀 가능성이 있는 곳이라고도 얘기해주고 싶다.

자유롭게 공부하고, 진로를 설계하는 곳

놀 땐 놀고, 공부할 땐 공부하는 삶. 그런 삶이 가능해지는 곳이 바로 대학이다. 너무 이상적으로 포장하는 거 아니냐고? 그런데 정말 그렇다. 대학에 오기 전 수험 기간에는 많은 학생들이 대부분의 시간을 공부하는 데만 투자할 것이다. 특히 고3의 경우, 친구들과 걱정 없이 놀러 다니고 취미 생활을 즐길 여유 따위는 없다. 오직 공부라는 하나의 활동만을 지속하기 위해 자유를 맘껏 즐기지 못하는 것이다.

그런 삶에 익숙해져 있는 학생들이 대학에 온다면? 그야 말로 '천국'처럼 느껴질 것이다. 놀거리들이 끊임없이 펼쳐지기 때문이다. OT와 새내기 배움터부터 MT, 학교 축제, 과 주점, 동아리, 과 모임, 일일호프, 소모임 등 정말 놀려고 마음만 먹으면 매일 다양하게 놀 수 있다.

물론, 대학에서도 당연히 공부가 필요하긴 하다. 하지만 입시 공부와는 여러모로 완전히 다르다. 수업 시간에 집중해 강의를 열심히 듣고, 필기를 제대로 하고, 과제만 제때제때 낸다면 시험 3주 전에만 본격적으로 공부하기 시작해도 A학점을 얻을 가능성이 크다.

심지어 여기서 말하는 '본격적인 공부'란 수험 기간처럼 매일 14~15시간을 공부에만 쏟는 걸 의미하지 않는다. 2~3주 동안 하루 7~8시간 정도만 집중해서 공부해도 평균을 웃도는 성적을 받을 수 있다. 이처럼 대학에서는 놀 때는 제대로 놀고 공부할 때는 제대로 공부하는, 선택과 집중을 할 수 있다. 공부가 나의 주인이 되어 무조건 따라야 하는 것이 아니라 ① 내가 하고 싶은 시간에, ② 하고 싶은 공부를,

③ 하고 싶은 양만큼 할 수 있는 곳이 대학이다.

원하는 분야의 강의를 골라 들을 수 있는 것도 대학의 엄청난 장점이다. 모두가 아는 것처럼, 대학에서는 강의 시간표를 스스로 짤 수 있다. 전공 과목과 교양 과목을 적절히 배치하기만 한다면, 내가 관심 있는 분야의 강의를 쏙쏙 골라 들을 수 있다(물론 수강 신청에 성공했을 때의 경우이지만 말이다). 나의 경우는, 이 장점을 매우 잘 활용한 사례라고 할 수 있다. 전공 과목인 철학을 수강하며, 지금까지 교양으로 인문학, 음악학, 문학, 미학, 심리학, 물리학, 경제학, 통계학, 미생물학 등 다 나열하기도 어려울 만큼 다양한 분야의 수업을 들었다.

평소에 궁금했거나 관심 있던 분야(음악학, 문학, 심리학 등)의 강의를 들으며 그 분야에 매혹되기도 하고, 평소에 어렵게만 느껴졌던 분야(물리학, 경제학, 통계학)의 강의를 들으며 너무 멀다고 생각했던 분야와 한 발짝 가까워져 보기도 했다. 이처럼 자유로운 공부를 아무런 제약 없이 마음껏 즐길 수 있다는 건 정말 멋진 일이라고 생각한다.

또한 대학은 내 적성과 진로를 찾기에 최적의 장소라고

할 수 있다. 다양한 분야의 수업을 들으며 무엇이 나에게 맞는 공부인지 비교적 쉽게 경험해볼 수 있고, 학회나 인턴, 스타트업 등 진로와 관련된 지원이 많기 때문에 꿈꾸던 일을 몸소 체험해볼 기회도 충분히 얻을 수 있다. 이런 환경에서 특정 직업과의 궁합을 파악해볼 수도 있고, 내가 어떤 일에서 즐거움을 느끼고 어떤 일을 할 때 강점을 지니는지를 명확하게 파악해 직업으로 삼고 싶은 일의 범위를 좁혀볼 수도 있다.

나 역시 다양한 수업을 듣고 여러 선배들과 교수님들의 조언을 통해, 나의 진로를 구체화시키고 있다.

동료들과 함께 취미생활을 펼치는 공간

대학은 자신의 취미생활을 맘껏 펼칠 수 있는 공간이기도 하다. 나는 다양한 취미를 가지고 있지만, 제일 사랑하는 취미 하나만 꼽으라면 망설임 없이 '춤'을 이야기할 것이다. 대학생활의 로망 중 하나가 '댄스동아리에 들어가 추고 싶은 춤 마음껏 추기'였고, 개강하기 전이었던 첫 OT 날부터 선배들에게 댄스동아리 정보를 물어봤을 만큼 춤에 대한 열망이 컸다. 그래서 교내에서 가장 유명한 댄스동아리의 모집 공고가 올라오자마자 일말의 망설임 없이 지원서를 넣었고, 오디션을 본 후 합격하여 대학생활의 시작부터 동아리 활동을 하게 되었다.

그래서 동아리 생활은 어땠냐고? 춤과 사람을 사랑하는 나에겐 그야말로 지상낙원이었다! 혼자 춤추는 것도 물론 재밌지만, 동아리원들과 같이 연습하고 땀 흘리고 함께 안무를 맞춰가며 하나의 무대를 완성해 나가는 과정은 비교가 안 될 만큼 뿌듯하고 보람되고 행복했다.

2019년도 새내기 시절에 대동제 공연, 신촌 버스킹 공연, 일일호프 공연, 남고 찬조공연 등 별별 공연을 다 해보면서 동아리 생활을 맘껏 즐겼고, 코로나가 시작된 2020년부터는 '쫌쫌따리'* 동아리 활동을 하며 춤을 놓지 않았다.

---

* 매우 작은 양. 또는 그것을 모으는 모습을 뜻하는 신조어. 뼈닭발에 붙은 적은 양의 살을 칭하는 단어로 처음 등장했고, 이것이 유행하여 신조어가 되었다. 적은 노력으로 작은 행복을 누릴 때 쓰는 말로, '소확행'을 즐기는 MZ 세대의 특성을 잘 대변하는 단어.

나의 경우에는 춤이었지만, 이렇게 대학생활 속에서 공부와 병행할 수 있는 취미 활동은 수도 없이 많다. 노래, 연극, 악기 연주 등의 공연예술분과부터 축구, 농구, 배드민턴 등의 생활체육분과, 독서·토론, 광고·마케팅 등의 학술연구분과까지 정말 없는 게 없다. 수험생 시절에는 공부하느라 즐기지 못했던 자신의 취미생활을 대학에서는 동아리나 소모임, 학회에 들어 마음껏 즐겨볼 수 있다.

사람들과 교류하며, 성장 동력을 얻는다

앞서 언급한 자유로운 공부도, 다양한 취미 활동도 대학생활의 장점이지만, 또 다른 큰 장점이 바로 '나와 잘 맞는 사람을 쉽게 찾을 수 있는 것'이라고 생각한다. 대학에는 정말 다양한 가치관을 지닌 수많은 유형의 사람들이 존재한다. 나이나 지역, 살아온 환경, 관심 분야, 취미 활동, 희망 진로까지 전부 다른 사람들이 곳곳에서 모여들었기에, 다양한 유형의 사람을 만날 기회가 많고 그중에서 나와 가치관이나 취미 등이 비슷한 사람과 교류하기도 쉽다.

사실 내가 대학에 들어오고 싶었던 이유 중에는, 이런 점이 매우 큰 부분을 차지했다. 나는 혼자서 공부하고 활동하는 것보다 사람들과 함께하는 것에서 에너지를 얻는 유형이기 때문이다. 다양한 사람들을 만나고 교류하고 친해지며 조금 더 넓은 시야를 가지고 싶었고, 나와 마음이 잘 맞는 사람들을 만나 긴 인연을 만들고 싶었다. 홈스쿨링을 하며 채우지 못했던 관계에 대한 욕구를 대학생활을 하며 정말 원 없이 채울 수 있었던 것 같다.

철학과 동기들과 만나서 날씨 얘기를 하다가 갑자기 철학 얘기로 넘어가 유물론과 실재론 중 어떤 게 논리적으로 더 타당한지에 대해 토론하고, 함께 음악 교양 수업을 듣는 동기들과 점심 메뉴를 정하다가 갑자기 브람스의 작곡 스타일이 되게 멋있는 것 같다는 이야기를 나누기도 한다. 이렇게 대학 내에서 다양한 접점을 가지고 있는 사람을 만나면, 그 접점이 어떤 분야가 되었든 함께 의견을 나누고 대화하고 토론하는 데 거리낌이 없다. 같은 전공을 하고 있거나 비슷한 분야에 관심 있는 것을 서로 알기에, 만나면 아무 의미 없는 '스몰토크'를 하다가도 문학, 예술, 철학 등 분야에 대해 '지적 대화'를 불쑥 시작해도 어색하지 않은 것이다.

나와 비슷한 지향점이나 삶의 방향성을 지닌 사람들에 게서 성장 동력을 얻을 수 있는 것도 장점이다. 대학에서는 구체적인 진로 방향은 다를지 몰라도, 궁극적으로 추구하는 가치가 비슷한 사람들과 인연을 맺기 쉽다. 이들과 서로의 모습을 보며 자극받고, 동기를 부여하며, 함께 성장할 수 있 는 원동력을 얻게 된다. 서로가 서로의 발전의 밑거름이 되 는 것이다. 많은 사람들과 어울리며 함께 성장하고, 서로 의 지하며, 미래를 꿈꿀 수 있기에 대학은 생각보다 더 멋진 곳 이라고 말하고 싶다.

대학에서 나이는 문제가 아니다

대학에 입학하고 나서 주변에서 정말 많이 받은 질문이 있다.

"남들보다 2년이나 어린 나이에 대학에 입학했는데, 적응하기 힘들지 않았어?"

나의 대답은 뭘까?
"거짓말 안 하고, 하나도 안 힘들었어!"

사실 대학에 합격한 이후 가장 많이 했던 고민 중 하나가 '나이 때문에 적응하기 어렵지 않을까?'였다. 같은 학번에 입학하는 동기들과 기본적으로 2살 이상 차이가 났기에 '나이를 이유로 소외당하지 않을까?'라는 걱정이 되었던 것이다. 일반적인 학생들과 해본 경험도, 살아온 시간도 달랐기에 공감대 형성이 어려울 것 같다는 생각도 했다.

그런데 어느 순간, 내가 이렇게 걱정하며 주눅 든 채로 사람들을 만난다면 자연스럽게 형성될 인간관계도 밀어내게 될 것 같다는 생각이 들었다. 나 스스로에게 자신감을 가지고 당당한 모습을 보여준다면, 오히려 그게 사람들에게 매력적으로 보일 것 같았다. 그래서 이런 걱정들을 머릿속에서 밀어내고, 마음을 단단하게 잡은 채 평소의 내 모습 그대로 쫄랑쫄랑 언니·오빠들에게 다가가기 시작했다.

그렇게 입학 이후 며칠이 지나니 '엥? 이렇게 적응이 쉬워도 되나?'라는 생각이 들 정도로 빠르게 적응하게 되었다. 내 부정적인 상상 속의 시나리오처럼 나이를 이유로 소외되거나 적응하지 못하기는커녕, 오히려 어린 나이 때문에 더욱 챙김받고 사랑받으며 어느새 '귀여운 막내' 포지션을 스르륵 꿰찬 나를 발견하게 되었다!

사실 대학이라는 곳은, 중·고등학교와 다르게 나이로 학년을 나누지 않는다. 현역으로 입학한 20살 새내기부터 재수, 삼수, 사수를 통해 들어온 21~23살, 다른 대학에 다니다가 반수해서 온 22~24살, 다른 대학을 졸업하고 군대까지 다녀와서 다시 수능을 본 26~29살까지… 한 학번에도 적게는 1살, 많게는 8~9살의 차이가 날 만큼 다양한 나이대의 동기들이 입학하게 된다. 그래서일까, 현역으로 입학한 동기들과 2살 차이가 나는 나의 경우 엄청나게 큰 나이 차이로 느껴지진 않았던 것 같다.

물론, 대학에서 만난 사람들에게 나를 소개하며 나이를 밝히면 안 놀라는 사람이 단 한 명도 없긴 했다.

"뭐? 18살이라고? 미성년자라고?"

이렇게 말하면서 충격받는 경우가 대부분이었지만, 어리다는 이유로 같이 어울리지 않거나 의도적으로 소외시키는 등의 행동은 절대 하지 않았다. 대학에서 사람을 사귈 때 나이는 특별히 중요하게 생각하는 요소가 아니기에 나도 자연스럽게 그 흐름을 타고 동기들, 선배들, 후배들과 쉽게 친해질 수 있었고, 적응하는 데도 전혀 문제가 없었다.

나의 꿈과 목표, 이루고 싶은 것들

18살, 대학에 갓 입학한 새내기 시절의 나에게 누군가가 "너는 꿈이 뭐니?"라고 물었다면, 나는 이렇게 대답했을 것이다.

"한 사람의 외관부터 내면까지 모두 멋있게 바꿔주는 종합 스타일링 서비스를 창업하고 싶어요! 5층짜리 빌딩을 세워서 1층은 고객들을 위한 카페 겸 쉼터, 2층은

스타일링 상담소, 3층은 패션·헤어·메이크업 숍, 4층은
이너뷰티를 위한 강연장, 5층은 저만을 위한 개인 작업
실로 꾸미는 게 제 꿈이에요."

꿈을 이루기 위한 계획의 세분화

정말 멋진 꿈이지 않는가? 단순히 외형을 예쁘게 바꿔주
는 것에서 그치는 게 아니라, 내면의 이야기를 듣고 성장을
도와 스스로에 대한 자신감을 찾게 해주는 서비스를 운영
하고 싶다는 나의 꿈. 이 꿈은 누가 들어도 분명히 의미 있고
멋진 일이라고 생각할 것이다.

하지만 마냥 현실적이지는 않다. 우선 창업부터 많은 노
력과 엄청난 능력이 필요하고, 또 5층짜리 건물을 세우기 위
해서는 큰 자본도 뒷받침되어야 한다. 대학에 재학 중이거
나 혹은 졸업하자마자 바로 실현 가능한 현실적인 꿈은 아
닌 것이다.

분명히 멋진 꿈이지만, 현실적으로 당장 이루어낼 수는

없는 꿈이다. 그래서 나는 이 꿈을 조금 더 단기적으로 세분화하고 점차 구체화해보겠다는 목표를 잡고, 대학생활 전반에 걸쳐 꿈에 대해 진지하게 생각해보기로 했다.

머릿속에 구름처럼 둥둥 떠다니는 막연한 희망과도 같은 꿈을 바라보기만 하는 것이 아니라, 그 꿈을 이루어내기 위해 내가 지금 할 수 있는 일이 무엇인지 하나둘 떠올려보는 것이다.

'지금' 할 수 있는 일부터 한 걸음

꿈을 향한 첫 발짝을 내딛는 것. 그것은 내 인생의 방향성을 정해주는 정말 큰 한 걸음이다. 이 첫 걸음이 대단할 필요는 전혀 없다. 오히려 작은 것부터 시작하는 것이 훗날 큰 걸음을 내딛는 원동력이 되어주기도 한다. 미래의 내 모습을 머릿속에 상상해보았다면, 그 이상적인 모습이 되려면 지금 당장 내가 할 수 있는 작은 일이 무엇일지 현실적으로 생각해봐라.

나의 경우를 예로 들어 설명해보겠다. 앞서 언급했던 것처럼, 18살 새내기 시절에 내가 희망하던 꿈은 '외면·내면 종합 스타일링 서비스 창업'이었다. 하지만 새내기였던 그때 당장 창업을 하기에는 경제적 능력도, 실행력과 내공도 부족했기에 당시의 나는 '그렇다면 지금의 내가 할 수 있는 일은 뭘까?'라는 생각으로 꿈에 다가가기 위한 작은 활동들을 하나둘씩 해나가기 시작했다.

　내가 시도해본 대표적인 '즉각 실행' 활동은 동대문 도매시장 방문이었다. 패션 관련 사업의 전반적인 흐름을 파악하려면 그 중심지라고 할 수 있는 동대문 도매시장에 방문해보는 것이 가장 좋은 방법이라고 생각했다. 엄마와 둘이 도매시장이 열리는 밤 12시에 차를 타고 동대문에 도착해, 옷을 직접 판매하는 소매업자의 마인드로 시장 곳곳을 돌아보았다.

　그렇게 도매시장에 가 직접 옷을 구매해보기도 하고, 도매처 사장님들께 궁금한 점들을 여쭤보기도 하며 몸소 체험해보니, 패션 산업은 내가 생각했던 것보다 훨씬 복잡한 분야라는 것을 깨닫게 되었다. 그냥 단순히 '예쁜 옷을 잘 골라

싼 값에 사서 비싼 값에 파는 게 다 아니야?'라고 생각했던 나의 머리를 한 대 '꽁!' 쳐주고 싶을 정도였다.

공장에서 옷을 생산하는 과정, 공장에서 도매상가로 유통되는 과정, 도매업자들이 옷을 디스플레이하고 판매하는 영업 방식, 소매업자와 도매업자 간의 연락 혹은 주문 방식, 소매업자들이 옷을 판매하는 방식 등 옷의 생산부터 판매까지 정말 어느 것 하나 쉽게 할 수 있는 일들이 아니었다.

프로세스 하나하나 신중한 고민과 순간적인 판단을 요구하는 일이었고, 재고 관리, 발주 수량 판단 등 숙련도가 쌓이기 전에는 쉽게 할 수 없는 과정 또한 많았다. 직접 그 산업의 생리를 몸소 체험해보니, 인터넷으로 검색하고 책을 읽는 것과는 차원이 다른 살아있는 지식을 체득할 수 있었다.

이렇게 꿈을 머릿속으로만 그려보는 것에 그치지 않고 직접 몸을 움직여 그 꿈을 조금이나마 체험해보는 것은 굉장히 큰 도움이 된다. 패션 스타일링 사업에 관심이 있었던 나는 그 한 발짝이 도매시장 방문이었지만, 누군가에게는 그것이 꿈의 분야에서 현직으로 일하고 있는 멘토와의 만남일 수도 있고, 누군가에게는 해당 직업을 얻기 위한 자격증 혹은 기술 공부일 수도 있다.

　꿈이 너무 크고 막연하게만 느껴진다면, 당장은 내가 얻어낼 수 없는 꿈이라면, 그것을 세분화하여 내가 할 수 있는 일부터 해보는 거다. 해당 분야에 대한 인터넷 검색이나 자료 탐구처럼 정말 작은 한 걸음이어도 괜찮다. 꿈을 구체화해보려는 시도 자체가 의미 있는 것이다.

지금도 꿈을 향해 달려가는 당신에게

'자신을 믿어야 성공할 수 있습니다!'

이 자기계발서 단골 멘트 같은 문장은 뭐냐고? 지금 이 책을 읽고 있는 당신에게 정말 하고 싶은 이야기이다. 조금 식상하게 느껴질지 몰라도, 자신에 대한 신뢰는 아무리 강조해도 지나치지 않다. 꿈을 좇는 이라면 반드시 마음속에 지녀야 하는 덕목 중 하나이다.

스스로에 대한 무조건적인 신뢰. 이것은 공부가 되었든, 일이 되었든, 특정한 과업을 성공적으로 수행하는 데에 있어 생각보다 아주 큰 도움을 준다. 그렇다면 나 자신을 진심으로 믿을 수 있으려면 어떻게 해야 할까?

자기 신뢰를 회복하는 연습

나는 자기 신뢰란 꾸준한 반복 학습을 통해 서서히 형성되는 개념이라고 생각한다. 스스로에 대한 확신이 들지 않을 때, 내가 어떤 일을 해낼 수 있을 거라는 생각이 전혀 들지 않을 때, 타인에 비해 능력이 부족하다고 느낄 때 등 내가 스스로를 믿지 못하고 있다는 것을 깨닫게 되는 순간들이 우리의 삶 속에서 생각보다 자주 찾아온다.

그럴 때는 그런 부정적 감정들과 생각에 잡아먹혀 우울해지기 십상인데, 이 우울감을 경계할 필요가 있다. 이러한 우울감은 자신감을 더욱 낮추는 악순환의 고리를 만들기 때문이다.

그래서 나는 이렇게 자기 신뢰가 부족하다는 깨달음의 순간이 올 때, 의식적으로 그 신뢰감을 회복할 수 있는 연습을 해보라고 말하고 싶다. 자신의 단점과 부족한 점에만 집중하지 말고, 자신의 단점을 장점으로 전환시킬 수 있는 방법에 대해 생각해보는 것이 바로 그 연습에 있어 가장 좋은 방식이다.

예를 들어 자신이 생각하는 스스로의 단점이 우유부단한 성격이라면, 그것을 '우유부단한 것이 아니라 끝까지 신중하게 결정하는 것'이라고 언어적으로 재정의해보는 방식이다. 이런 식으로 자신의 단점을 살짝만 관점을 바꿔 생각해보면, 장점으로 탈바꿈시킬 수 있다.

누가 봐도 나쁜 점을 합리화해 좋은 점처럼 포장하라는 것이 아니다. 객관적으로 잘못된 행동이나 사고방식은 개선해야겠지만, 단점이 자신의 발전을 크게 저하하는 요소가 아니라면 그것을 장점으로 바꾸어본다는 생각 전환을 통해 스스로가 한층 더 성장하는 계기를 마련한다는 것이다.

이렇게 언어적 재정의를 통해 자신의 부족한 점을 인정하고 이를 장점으로 전환하는 연습을 하다 보면, 스스로에 대한 신뢰와 믿음이 서서히 회복되어가는 것을 몸소 느낄 수 있을 것이다. 이 과정이 어떤 이들에게는 굉장히 오글거리고 불필요한 프로세스라고 느껴질 수 있다. 하지만 이 과정을 통해 나의 단점에 더 집중했던 '자기 부정'에서 벗어나 점차 '자기 신뢰'로 단단해진 자신을 발견할 수 있을 것이다.

그리고 이러한 자신에 대한 믿음은, 곧 모든 활동의 성과를 크게 높여주는 단단한 기틀이 된다. 똑같은 활동을 하더라도 스스로에 대한 굳건한 믿음이 있다면 그 효율이 엄청나게 올라가는 것을 경험하게 될 것이다. 내가 해낼 수 있다는 믿음, 실패해도 다시 일어날 수 있다는 믿음, 원하는 것을 스스로 알고 있다는 믿음이 지지대가 되어 든든하게 나를 받쳐준다면, 그 어떤 힘든 일이 닥쳐오더라도 쓰러지지 않은 채 극복해낼 수 있다.

나를 믿는다는 것이 쉬운 일은 아니다. 불확신이 스멀스멀 올라올 때도 분명히 있을 것이고, 내가 뭐라고 이렇게 나를 믿어도 되는 건지 어딘가 마음 한 구석이 불안할 때도 있을 거다. 하지만 밑져야 본전인 셈 치고 나 자신을 한번 끝까지 믿어봐라. 그러다 보면 안 될 일도 되고, 될 일은 더 잘될 것이다.

'가보자고'를 인생 모토로!

내가 1년 전부터 입에 달고 사는 어구가 있는데, 바로 '가보자고'가 그것이다. 이 '가보자고'는 2021년쯤 인터넷에서 유행했던 밈(meme)인데, 외치면 무엇이든 해낼 수 있을 것 같은 느낌이 드는 게 너무 좋아서 지금은 거의 매일 사용하고 있다.

처음에는 단순히 가볍고 재밌는 느낌으로 쓰기 시작했는데, 뭔가 쓰면 쓸수록 이 짧은 어구에 굉장히 많은 의미가 담겨 있다는 생각이 들었다. 강한 의지력을 나타냄과 동시에 너무 부담 갖지 말라는 가뿐함도 느껴지고, 고민될 때는 일단 해보자는 메시지까지 담고 있는 거다.

이 말을 입으로 뱉거나 텍스트로 쓸 때마다 '앞뒤 재지 말고, 이것저것 따지지 말고, 망설이지 말고, 일단 냅다 가보자고!'라는 의지가 전해지는 것 같아 너무 마음에 들었다.

이 글을 쓰고 있는 지금이 대학 시험 기간이라 그런지, 사색을 자주 하게 된다(공부 빼고는 다 재미있는 시기이기에!). 그래서 이런저런 생각을 하다가 문득 '인생의 모토를 '가보자고'로 잡으면 굉장히 멋진 삶을 살 수 있지 않을까?'라는 생각이 들었다.

누군가는 그냥 가벼운 유행어로 여길 수 있지만, 어찌 보면 '가보자고'의 태도는 굉장히 진취적이고 긍정적인 삶을 살 수 있는 최고의 마인드일 수 있다. 고민이 있을 때, 꿈꾸는 것이 있지만 내 능력으로는 그것을 이루어낼 수 없을 때, 과업을 이루는 것에 반복해서 실패할 때 등 인생을 살아가며 허들에 걸려 넘어지는 순간은 계속 찾아온다.

하지만 이때 '가보자고'의 마인드를 장착한다면 어떨까? '조금 힘들고 어렵지만, 고민하지 말고 걱정하지 말고 일단 가보자고!'라는 생각을 하게 되면, 저절로 일어날 힘이 생길 것 같다.

꿈을 향해 달려갈 때도 '가보자고'의 철학을 되새기면 굉장한 도움이 될 것이다. 나의 꿈을 이루기 위해서는 분명히 도움이 되지만, 시도할 용기가 없어서 못 하고 있었던 활동들이 있을 것이다. 나의 길을 앞서 걸어가는 멘토에게 말을 걸어보는 것, 배워보고 싶었지만 너무 어려울 것 같아 포기했던 수업을 신청해보는 것, 부모님에게 내가 꿈꾸는 것을 이야기하고 지원을 요청하는 것 등 시도조차 못 하고 마음속으로 끙끙 앓기만 했던, 꿈을 위한 활동들이 있다면 일단 도전해봐라. 그 일을 했을 때 부정적 결과가 예상되더라도, 내가 잘 해내지 못할까 봐 걱정되더라도, 일단 가보는 거다!

수많은 걱정과 고민들 때문에 내가 아무것도 시도하지 않는다면, 나를 감싸고 있는 내 주변의 환경과 앞으로 펼쳐질 나의 세상 역시 아무것도 변하지 않는다. 내 삶을 더 나은 방향으로 바꿔주는 것은 결국 나 자신의 역할이다. 이런 긍정의 변화를 위해서 이 '가보자고' 철학이 반드시 필요하다.

일단 도전하고, 시도하고, 질러버려라. 마음속으로 이렇게 외치면서 말이다.

'일단 가보자고!'

갑자기 이런 감성 가득한 제목은 뭐냐고? 조금 오글거렸다면 미안하다. 하지만 여기까지 나의 글을 읽고 따라와주었다면, 조금만 참고 이 챕터를 마지막까지 읽어주길 부탁한다.

내가 대학에 합격하고 나서 많은 사람들이 물었던 질문 중 하나가 "과거의 너처럼 최선을 다해 공부하고 있는 학생들에게 어떤 조언을 하고 싶어?"라는 것이었다. 나는 그런 질문을 받을 때마다 백이면 백 같은 대답을 하곤 했다.

"너는 지금도 잘하고 있어."

수험생이 이 말을 들으면 '내 상황도 잘 모르면서 그냥 위로해주고 싶으니까 아무 말이나 던지는 아니야?'라고 생각할 수도 있겠다. 딱히 잘 살고 있지 않은 것 같은데, 그저 잘하고 있다고 이야기하는 것이 특별한 위로나 격려로 다가오지 않을 수도 있을 테니 말이다. 그런데, 당신은 분명히 '잘'

하고 있을 거다. 다만 그 '잘'의 기준과 의미가 서로 다를 뿐이다.

요즘 세상을 살아가다 보면 주변에서 이야기하는 '잘 살아가고 있다'의 기준이 너무 높아진 것을 몸소 느끼게 된다. 예전에는 그냥 사지 멀쩡하고 먹고사는 데 큰 걱정이 없으면 나름 잘 살고 있다는 사회적 풍조가 있었던 것 같은데, 지금은 그 기준이 하늘을 뚫는다.

자신의 일에서 괄목할 만한 성과를 거두고, 인간관계를 잘 형성하고, 일정한 경제적 수준을 유지하면서도, 취미생활까지 여유 있게 챙기는 정도는 되어야 '잘 살고 있는 사람'이라는 평가를 받는 세상이 된 것이다. 평가의 기준이 올라가고, 미디어의 발달로 인해 남과 비교하기가 더욱 쉬워지면서 많은 사람들이 자신의 강점이 아닌 약점에 집중하여 자신감을 잃어가게 되는 것 같다.

이런 사회·문화적 분위기의 변화로 인해, 꿈을 좇아 달려가는 사람들 역시 자신의 부족한 점을 크게 보고 자책감에 빠지게 되는 경우가 많아졌다. 내 주변의 지인들만 봐도 그렇다. 학교생활, 학회, 인턴 등 다양한 활동을 하며 내가 보기에는 누구보다 멋있고 진취적인 삶을 살고 있다고 생각한 선배가 '나는 남들에 비해 너무 생각이 없는 것 같다'며 스스로를 자책하고, 대학 입학을 목표로 매일매일 많은 시간을 투자해 꾸준히 공부하는 모습이 정말 멋있다고 생각해온 친한 동생은 '나는 아무래도 노력이 부족한 것 같다'며 스스로를 끊임없이 비난한다. 흔히 말하는 성공한 자의 모습과 자신을 비교하며 스스로의 노력을 폄하하는 것이다.

이러한 '자기 비난'은 장기적인 악순환을 불러오게 된다. 스스로를 비난해 자신의 삶에 대한 회의가 들면 더욱 노력하기 싫어지고, 노력이 줄면 실제 활동의 성과 또한 떨어진다. 부정적인 비난의 행태가 없으면 무사히 유지될 능력들도 이 악순환의 고리를 통해 점점 퇴화하게 되는 것이다.

이 악순환을 막기 위해서는 스스로의 능력을 존중해줄 필요성이 있다. 그동안 스스로를 공격하고 비난했다면, 이제는 칭찬하고 격려해보는 거다. 자신에 대한 진정한 존중을 경험하기 위해서는 내가 지금까지 성취해낸 일과 잘해왔다고 생각하는 일, 나의 장점과 강점 등을 머릿속으로만 생각하지 말고 종이에 써보는 것이 좋다.

이 과정이 굉장히 어색하고 힘들 수 있다. 뭔가 오글거리는 것 같고 어색함도 느껴지겠지만, 내가 지금까지 노력한 일들을 하나둘 정리하며 쓰다 보면 '생각보다 내가 정말 열심히 살았구나'라는 것을 깨닫게 될 것이다. 일상적으로 별생각 없이 해왔던 행동도 사실은 자신의 노력의 산물인 것을 알게 될 것이다.

이런 과정을 거치다 보면 '내가 나름 잘하고 있구나'라는 생각이 조금씩 마음속에 피어오르게 된다. 스스로에 대한 자신감과 믿음, 신뢰 등의 긍정적 요소들이 나를 감싸주는 든든한 울타리가 되어주기 시작할 것이다. 이 변화의 첫 과정을 많은 이들이 몸소 경험해보았으면 좋겠다.

다시 한번 말하고 싶다. 당신은 정말 잘하고 있다! 당신만 그 사실을 몰랐을 뿐이다.

목표 ÷ 계획 = 합격

목표는 작은 계획으로 나눠, 매일 작은 성공을 이룬다

앞에서 강조한 것처럼 원대한 목표일수록 계획을 세분화하는 과정이 필요하다. 수능 대비 역시 마찬가지다. '대학 합격'이라는 목표는 크고 장기적인 목표이다. 이렇게 큰 목표만으로 수능까지 장거리 레이스를 하기에는 중간중간 장애물이 많고, 당장 성취감을 맛보기 어려워 지치기 쉽다.

연 단위 → 월 단위 → 일 단위로

나는 의식적으로 큰 목표를 작게 나눠 사이사이에 작은 목표들을 세웠다. 우선 한 달 단위로 목표를 설정해 그것을 성취해내기로 마음먹었다. 4월의 목표는 '검정고시 만점으로 합격하기', 5월의 목표는 '고 등학교 2학년 수학 과정 끝마치기', 6월의 목표는 '모의고사에서 전 과목 1등급 받기'로 설정했다.

그렇게 연 단위를 월 단위의 기간으로 나누어 목표를 세웠지만, 그 목표만으로는 효율을 최대로 끌어올리는 데 한계가 있다고 느꼈다. 30일이라는 시간 역시 하나의 목표만으로 달려가기에는 나에게 다 소 긴 기간이었던 것이다.

스스로 공부를 해나가며 '이번 달에는 이것만 성공하면 돼'라는 목표 를 상기하게 되면, 그 달의 목표를 달성할 수 있겠다는 확신이 드는 시점에서 더 이상의 노력을 하지 않고 해이해졌다.

그래서 나는 한 달이라는 시간을 다시 나누어 하루 단위의 작은 목표 를 세워보기로 했다. 내가 지금 당장 노력한다면 하루 만에 성공해낼 수 있는 매우 작고 구체적인 목표를 설정해 매일 그것을 달성해내야 겠다고 생각한 것이다.

어제의 성취감이 오늘 공부의 힘이 된다

계획을 더 세분화해 매일 성공의 경험을 쌓아가니, 성취감이 커지고 효율은 더 높아졌다. 한 달 단위의 목표를 설정했을 때보다 하루 단 위로 목표를 세우고 움직였을 때, 확실히 더 빠릿빠릿하게 실행했고 알차게 시간을 썼다.

'영어 단어 100개 암기', '고전시가 3개 분석하고 암기하기', '비문학 1지문 독해 소요 시간 10분으로 줄이기' 등 작은 목표들을 설정하고 이것을 매일매일 하나씩 달성했다. 놀랍게도 몇 달이 지나자 성적이 굉장히 올라 있는 것을 확인할 수 있었다.

수능 공부를 시작하고 3개월쯤 후였던 6월 모의고사 때는 평균 3등급을 웃돌던 성적이, 이 '매일의 목표' 계획을 세우고 3개월 정도 실천한 후였던 9월 모의고사 때는 평균 1~2등급으로 훅 올라 있었다. 스스로 '오늘은 이걸 꼭 달성해야지'라고 다짐하고 공부를 하니, 동기부여가 되어 공부의 효율이 쭉쭉 올라갔던 것이다.

다시 한번 정리해보자. 내가 무엇을 원하는지, 무엇을 꿈꾸는지 파악했다면, 그것을 바탕으로 구체적이고 명확한 목표를 세워야 한다. 이때 스스로의 위치에서 조금 위, 즉 자신이 조금 더 발전한다면 충분히 도달할 수 있는 목표를 설정하는 것이 좋다.

그 목표를 달성하기 위해 작은 단위로 계획을 나누고, 그것을 실행하여 매일 작은 성공을 이루자. 그 계획이 아무리 작은 것이라도 이루어냈을 때 생각보다 큰 성취감이 찾아온다. 어제의 계획을 완수해 얻은 성취감이, 오늘의 공부를 하는 데 있어 큰 힘이 되어줄 것이다.

꿈을 향한
작지만 큰 발자국

　수많은 시행착오를 겪으며 온몸으로 느낀 것들을 이 책에 담아보았다. 지금 이 책을 읽고 있는 당신이 책 속의 이야기에 공감할 수 있도록, 어떠한 일을 시작할 원동력이 될 수 있도록 최대한 노력했다. 그 노력이 과연 효과적으로 잘 전달되었는지는 글쎄, 나도 잘 모르겠다.

　하지만 내가 한 가지 확신할 수 있는 것은, 이 책을 모두 읽고 났을 때 마음속에서 자그마한 불씨가 피어올랐을 것이라는 거다. 미뤄두었던 계획을 실행할 수 있는 불씨, 과분한 꿈이라 생각해 스스로 포기했던 일을 다시 한번 꿈꿔볼 불씨, 미래의 내 모습을 상상하며 무언가에 도전해볼 불씨 등…. 당신의 마음속에 작은 자극을 주었다면, 나는 그것만으로 이 책을 쓴 의미가 충분하다고 생각한다.

공부란 주체적으로 내 인생을 살 수 있게 해주는 단단한 디딤돌이자 언젠가는 나에게 도움을 주는 믿음직한 조력자이다. 나는 이 사실을, 짧다면 짧고 길다면 긴 나의 삶 속의 파편들에서 천천히 깨닫게 되었다. 직접적인 이유와 즉각적인 의미를 찾기 힘든 만큼 어렵고 때론 고통스럽기까지 한 공부. 이것은 마치 화석처럼 내 삶의 땅속에 보이지 않게 서서히 퇴적하다가, 끝내는 석유가 되어 땅 위로 뿜어 올라 나에게 이득을 준다. 단기간에는 가시적 효과와 명확한 이득을 얻을 수 없을지 몰라도, 내 몸과 머릿속을 단단하게 다져주어 중요한 순간에 사용할 수 있게 만들어준다.

그렇지만 이러한 순간이 찾아오기까지는 길고 지난한 노력의 시간이 필요할 것이다. 스르륵 감기는 눈을 손으로 치켜떠가며 책상 앞에 앉아 있어야 하고, 날씨 좋은 날 친구들이 놀러 다닐 때 어두컴컴한 독서실에서 온종일 시간을 보내며 절망감을 느껴야 할지도 모른다. 공부란 누군가가 대신 해줄 수도 없는 활동이기에 더욱 힘들다. 하지만 이렇게 힘든 순간을 이겨내고 나면, 당신은 반드시 성장해 있을 것이다.

"갑각류는 껍질이 있어서 겉이 아주 딱딱하다. 그런 갑각류가 성장하기 위해서는 단단한 허물을 벗어야 한다. 허물을 벗고 밖으로 나온 직후의 갑각류는 아주 약해져서 외부로부터 공격을 받기도, 상처를 입기도 매우 쉬운 상태가 된다. 하지만 갑각류가 진정한 성장을 이뤄내는 시기는 가장 약해져 있는 바로 그 순간이다!"

내가 굉장히 좋아하는 문구이다. 예전에 어딘가에서 보고 정말 인상 깊어서 오랫동안 기억하고 있었던 말인데, 공부하며 느꼈던 감정과 비슷한 것 같아서 더욱 와닿았다. 몸을 감싸고 있던 단단한 껍질을 벗어내고 가장 약해진 그 순간에 한 단계 성장하는 갑각류처럼, 나 또한 나를 감싸고 있던 두려움을 걷어내고 공부에 몰입하며 수많은 돌부리에 걸려 넘어지고 장애물에 부딪히며 힘들어하던 그 순간에 비로소 성장할 수 있었다. 아무리 아프고 지치더라도 꿈을 향해 진심을 다한 노력의 시간은 반드시 보상이 되어 나에게 찾아온다.

이 책을 읽고 있는 당신도 마치 탈피를 마친 갑각류처럼 지금 이 순간이 너무 힘들고 고통스러울지 모른다. 아니면 자신이 무엇을 원하는지도 자각하지 못한 채 별생각 없이 하루하루를 살아가고 있을 수도 있다. 하지만 당신의 꿈이 무엇인지, 그것을 위해 당장 할 수 있는 일이 무엇인지 깨닫고 꿈을 향해 작은 발자국을 내딛기 시작한다면, 언젠가는 그 길의 종착점에 도착해있는 자신을 발견할 수 있을 것이다.

이 책을 덮은 순간부터가 진짜 시작이다. 자, 이제 달려보자!

합격 공식

초판 1쇄 발행 2022년 10월 28일
초판 4쇄 발행 2022년 11월 15일

지은이 최하은
펴낸이 김선식, 이주화

기획편집 최혜진
콘텐츠 개발팀 최혜진, 김찬양
디자인 섬세한 곰

펴낸곳 ㈜클랩북스 **출판등록** 2022년 5월 12일 제2022-000129호
주소 서울시 마포구 독막로3길 39 603호 (서교동)
전화 02-704-1724 **팩스** 02-703-2219
이메일 clab22@dasanimprint.com
인스타그램 instagram.com/clabbooks
페이스북 facebook.com/clabbooks

ISBN 979-11-978891-9-6 (13370)

(주)클랩북스는 독자 여러분의 책에 관한 아이디어와 원고 투고를 기다리고 있습니다.
책 출간을 원하시는 분은 이메일 clab22@dasanimprint.com으로 간단한 개요와 취지, 연락처 등을 보내주세요.
'지혜가 되는 이야기의 시작, 클랩북스'와 함께 꿈을 이루세요.